彩繪風城
芝加哥

楊美玲／圖・文

CHICAGO

序

非馬

在芝加哥的文藝圈裡，楊美玲是我比較熟悉也比較欣賞的寫作朋友。兩三年前北京一個出版社透過紐約一位負責撰寫該城市的文友，邀我為他們的世界名城系列寫一本關於芝加哥的書，推辭不掉，只好勉強答應。但我想這類書籍最好是圖文並茂，才能引起讀者的興趣。但我不可能有時間親自到處去搜集拍攝，必須找一個可靠的合作夥伴，頭一個想到的便是楊美玲。一來我知道她是一個很好的攝影家，喜歡旅遊，而且寫作態度認真，文筆也優美。住在芝加哥多年，她對芝加哥的一草一木應該都相當熟悉，並有相當的感情。更重要的是，她住在城內，離所有的景點都比較近，隨時可根據需要到現場拍攝並收集資料。何況她近年來在報刊上發表的文章當中，已有不少關於芝加哥的篇章，可以加以擴展完善選入。

書稿編成後，我把它寄給北京的出版社，卻久久不見動靜，包括那位紐約朋友寫的書。多方追問，都沒得到正面的答覆。我告訴紐約的朋友，去年大陸的旅遊界負責人組團來芝加哥考察，對來自東方的旅客通常只選擇美國的東西兩岸城市表示不解與遺憾。他們都說回去後要為芝加哥這個美麗的城市大力宣傳並推廣旅遊事業。出版社如果連這個難得的商機都無法把握，還搞什麼出版業呢？當時我告訴他，如出版社短期內不能給我們一個確定的出版日期，我們也許該考慮把它轉換成繁體版，拿到台灣去出版。他表示完全同意，並為那個可能因內部原因而一再拖延的北京出版社向我們道歉。

　　秀威擔心這本合集會太厚，成本太高不好銷售，希望能分成《彩繪風城芝加哥》及《大肩膀城市芝加哥》兩本出版。我們一方面覺得這樣做也許較實際，但另一方面卻為因此失掉了互補及相輔相成的效果，多少感到遺憾可惜。好在我們在編輯整本書的過程中，已經為每篇文章都交換過意見，而且為了對芝加哥有個完整的認識，相信讀者也會把這兩本書擺在一起讀。這樣一想也就釋然了。

　　就讓住在芝加哥多年的楊美玲和我，以主人的身分，歡迎大家的光臨吧！

1980年11月2日，詩人艾青和非馬在芝加哥大學內，亨利．摩爾的「核能」雕塑前合影

自序　鏡頭與筆下的世界

楊美玲

我喜歡隨身帶著一部相機，看見美麗的景緻，隨即將它存留在底片裡。

大自然是一個異動的世界。清晨，黃葉自樹梢抖落一地，到了傍晚就枯乾了。仰天望雲層，晨曦、晚霞，變幻莫測；花開、花落，也會觸動人們的心靈。萌芽、草綠、葉枯、飄雪，一年當中，我們雖很明顯地分辨出四季的變化，卻無法掌握什麼，只能讓它隨著日子的流逝而褪色。

瞬息萬變的景觀，讓我在不知不覺間想要擁有這一切，並且珍藏它。於是我用相機，透過小小的鏡頭，將眼前的曼妙奇景變成永恆的記憶。

攝影是很奇妙的東西，它可以是精心處理過的藝術，也可以是隨心所欲的一瞥。它可以當新聞，嚴肅的記錄人世間發生的事情，也可以當消遣，輕描淡寫紅塵中的悠閒。境頭下的世界，可以說是大千世界的縮影。

我曾經冒著攝氏零下三十幾度的寒風，到密西根湖畔拍攝難得一見的湖邊冰霧。我也曾經待在芝加哥植物園一整天，就為了想拍野雁整群降落湖面的情景。不管等待一個景，或者追逐一個景，按下快門那一瞬，都是值得欣喜的。等待、追逐，有時成功，但往往失敗，可是曾經嘗試，內心就有一種充實的感覺。

由照片中追尋過往的記憶，比按下快門那一瞬，更令人回味。某個冬日的午後，我拿出一些泛黃的照片，照片中有我兒時住過的三合院。我輕輕撫摸畫面，頓時，心靈如波濤般翻湧，三合院中的種種，

芝加哥植物園

又歷歷在腦中呈現。鏡頭，留住的不是短暫的一刻，它像一條時間的長河，慢慢將我拉回幾十年前屋宇的一個角落。

我常常問自己，到底什麼原因，使我深深愛上攝影，迷戀鏡頭下的世界？或許是因為對自然界的一種留戀吧！小小的鏡頭，雖然無法完全掌握，卻順了我某些的心願，留住部分我所喜愛的美景，讓我日後回味無窮。當我整理相片時，也經常由畫面勾起創作的靈感，於是一篇篇的散文，就這樣醞釀而成。

我旅遊，我記實，我攝影，一枝筆，一部相機，伴隨我從繁華的大都會到人煙罕至的沙漠區，我總是不停的追尋、探索，透過思維，透過筆觸，希望讀者在視覺上與我一起領會各地不同的風情，在精神上與我共享心靈的感受。二、三十年來，我寫每一篇文章，我一定親自到現場拍攝搭配內容的照片，攝影是我文章的一部分，文章搭配攝影已經變成我的寫作風格。雖然當今網路發達，從網路上可以隨時隨意下載照片，但我的態度是認真的，因此，我嚴格禁止自己任意下載照片到我的文章中使用。這是我的原則，也是我對文學的一點堅持吧！

旅居芝加哥二十多年，芝加哥的一草一木，早已融進我的生活中。任何一個大都會都會有美麗與醜惡的一面，我介紹芝加哥獨特的湖邊景緻、藝術風格、巷弄街景，我也不諱言幫派的互爭地盤，造成社區的四處塗鴉。有些文章是生活瑣記，信筆拈來，有些文章卻必需花很長的時間到圖書館查閱資料，追蹤探索故事的源頭。做為一個作者的最大心願，就是希望讀者的共鳴，希望你一頁一頁翻閱時，也能與我一同思索芝加哥這個大城市的生命與脈動。

目次

彩繪玻璃的世界

海軍碼頭遊樂場前的雕塑

朋友來訪，我喜歡帶他們到海軍碼頭，並不是因為那邊有特別喧鬧的人潮，而是海軍碼頭裡面，有一個很獨特的博物館。

「史密斯彩繪玻璃窗博物館」位於海軍碼頭的廊道內，它是美國唯一以彩繪玻璃窗戶展出的博物館。這個博物館是史密斯家族（Maureen and Edward Bryon Smith Jr. and their son Edward and Peter Smith）送給芝加哥市民無價的禮物。

有人稱彩繪玻璃為「窮人的聖經」，這是因為中古世紀時期的歐洲，能受教育的窮人不多，傳教士們為宣傳教義，即大量使用彩繪玻璃，將聖經裡的故事，轉化成一幅幅美侖美奐的彩繪鑲嵌玻璃窗，以看圖說故事的方式來教導窮人讀聖經。今天，歐美國家許多教堂，還是喜歡以彩繪玻璃來裝飾門窗。從宣傳教義到純粹裝飾，彩繪玻璃的應用，也從教堂轉移到民間的建築。

彩繪玻璃窗就像流行服飾，總是隨著時代及建築風格而不斷更新花樣。芝加哥的彩繪玻璃窗，最能表現出芝加哥既世俗又宗教的歷史情懷，而這種情懷正是史密斯家族所喜歡的。史密斯家族從1970年就開始蒐集彩繪玻璃窗，致力保存從1960至1990年代不再流行，被丟棄或遭受破壞，且幾近絕跡的作品。

芝加哥從1870年代以來，即成為世界彩繪玻璃的中心。芝加哥的多元文化，固然有利於藝術的發展，但是另外一個主要的原因，卻是因為一場火災。芝加哥於1871年發生一場大火，這場大火，幾乎燒毀芝加哥所有建築。大火後的重建工程，為許多人帶來工作機會，也吸引許多著名的歐洲建築師及彩繪玻璃窗的設計師前來淘金，他們將歐洲的藝術風格及製造技術帶到芝加哥。當時的新建築，不論住宅、辦公室、商業大樓或教堂，安置在窗戶上的彩繪玻璃，或多或少都瀰漫著一股歐洲風味。由於市場的需求，歐洲最頂尖的彩繪玻璃設計師都移民到芝加哥，全盛時期，芝加哥有五十家彩繪玻璃窗工作室。

頂尖的設計師都在此，無疑的，芝加哥自然會帶動一股流行風。許多設計師及建築師開始別出心裁創出新花樣，來裝飾他們所承包設計的屋宇。彩繪玻璃由最初外來的歐洲風味，逐漸改變創新。於是，反對維多利亞式矯揉造作及過份裝飾的新藝術風格（Art Nouveau Style），以及崇尚自然的草原風格（Prairie Style）隨之而起。十九世紀末二十世紀初普遍流行於歐洲的新藝術風格，濫觴的源頭，正是芝加哥。而由萊特（Frank Lloyd Wright, 1867-1959）所創的草原風格，更是芝加哥的代表作。住在芝加哥的人，大概沒有人不熟悉萊特，他是近代四大建築名師之一，他也是彩繪玻璃的代表性人物。如今，芝加哥的藝術及建築，依然在世界各地獨領風騷。

這個博物館蒐集的彩繪玻璃窗，有半數以上的作品，原來都是安置在芝加哥的建築物上。彩繪玻璃的流行趨向，跟美國與歐洲的藝術及建築的風潮有極大的關聯，在展出的作品中，即可明顯的看出。館內展出的作品，依年代、風格依次排列，讓參觀者不僅了解藝術史的演變，也同時了解芝加哥的歷史。

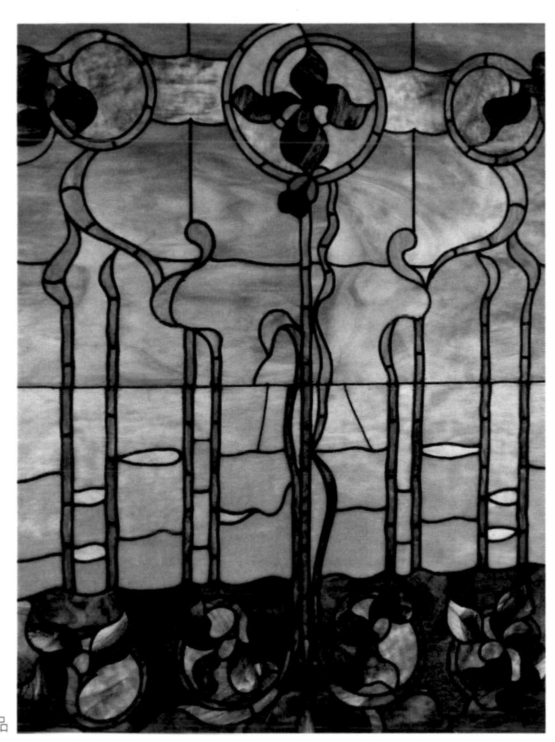

新藝術風格的作品

館內所有展出，我最喜歡的，是第凡尼（Louis Comfort Tiffany, 1848-1933）的風景畫作品，他將複雜的玻璃切割技巧及顏色的運用發揮到極致，讓玻璃本身表現出質感與空間深度，讓人產生一種細膩華麗的視覺效果。

萊特的作品又是另外一種風格，他以彩色幾何圖形與透明玻璃結合，看似單調，卻頗有日式的禪淨味道，彷如未經雕琢，卻充滿了詩的凝煉之美，是一種非常獨特的藝術型式。

我喜歡在有陽光的日子，逛海軍碼頭的彩繪玻璃窗廊道，玻璃的色彩，隨著陽光的角度幻化無窮，讓人產生無限遐思。在不同的時刻，看同一扇窗，也會有不同的感受，亮麗的光，讓人心情愉悅，黯淡的色，也偶爾會勾起傷心往事。有時，我站在窗前閱讀聖經的故事，有時，我站在窗前，思索藝術家獨特的巧思。只需一個悠閒的午後，輕鬆地從廊道這頭散步到那頭，就可以領略從古典到現代的彩繪玻璃藝術之美，何樂而不為呢？

上：Alphonse Mucha（1860-1939）的「四季」是新藝術風格的作品
下：聖經的故事

上左：中古時代，傳教士將聖經的故事，轉化成一幅幅彩繪玻璃窗，以看圖說故事的方式來傳教，彩繪玻璃也可以說是「窮人的聖經」

上右：第凡尼的作品

下：芝加哥印象

梵谷的臥室

梵谷自畫像

最近，朋友借我一本《梵谷傳》，原作者是Irving Stone，余光中翻譯，大地出版社於1978年出版。展開書頁，我像著了迷似的，花了幾天的時間，一口氣看完。這本以小說型態寫成的傳記，雖然精采，文字達六百多頁，卻仍有不足之處。太像小說，有些情節難免虛構，許多梵谷的畫，純用文字描述，難以令人一目了然。於是，我到「芝加哥美術館」逛一圈。

走進印象畫派的展覽室。一進門，喬治・秀拉（Georges Seurat, 1859-1891）那幅「大碗島上的星期日下午」（Sunday Afternoon on the Island of La Grande Jatte）佔住一面牆，迎面而立。這幅芝加哥美術館的鎮館之寶，讓我頓時想起梵谷（Vincent Van Gogh, 1853-1890）和高更（Paul Gauguin, 1848-1903）在巴黎初識那一夜。那天夜半，高更帶著梵谷到秀拉家，秀拉正在畫這幅巨畫，他把畫筆垂直在手中，把顏料一點、一點、又一點的點在畫布上。

梵谷和高更的友誼就如同秀拉畫布中的點、點、點，既清晰又模糊，一筆一筆的堆積。

走進另一間展覽室，掛著梵谷和高更的作品。

這間展廳擺放的，大部分是兩人在梵谷的黃色小屋中畫的作品。

1888年2月，梵谷從巴黎搬到南部的阿羅（Arles）。5月，他寫信邀請高更到他的小屋同住。10月23日，高更來了，梵谷興奮異常。兩個多月的時間，他們一起繪畫，各自創作了二十多幅的作品。

梵谷、高更的畫風完全不同，對藝術的見解也相左。梵谷喜歡黃色，用料大膽、粗獷，強烈的色彩，漩渦似的線條，在畫中熱烈的展現他心靈的感受。高更謹慎、有條理，喜歡紅色，經常深思再下筆，他把理想及夢境融入畫中。他們白天工作，晚上互相品評作品，並試圖說服對方遵從自己的見解，兩人只要談起自己喜愛的畫家或繪畫，爭端就起，這樣的爭執經常是情緒化的。

從一開始，高更就後悔搬去與梵谷同住，兩人性格如此不同，如何能好好相處呢？12月底，高更堅持要離去。梵谷害怕失去友誼，以及想到高更離去後，又要孤獨無依，情緒壓抑到極點，導致自殘，他割下一隻耳朵。高更被梵谷這種瘋狂的反應嚇到，迅速離去，他決定再也不要見到梵谷。他們有生之年，未曾再碰過面，但是仍有書信往來，仍然相互景仰對方的藝術成就，高更寄畫送給梵谷，梵谷要高更保存他特別為高更畫的向日葵。

這個廳中，最吸引我的一幅畫，是梵谷在黃色小屋中的臥室。

「臥室」（The Bedroom, 1889）這幅畫，有三個版本。第一個版本，是1888年畫的，現存於阿姆斯特丹梵谷博物館。另外兩個版本，畫於1889年，是臨模第一張畫的習作，他當時已經住在聖瑞米療養院。芝加哥美術館這張，是其中之一，另一張，收藏於巴黎奧賽美術館。梵谷住在療養院那段時間，無法創作時，他就臨模，以舒緩情緒。

這張畫，透露出梵谷的私人世界。一張床，一個桌子，兩張椅子，牆上幾幅裝飾的畫，他的生活就是這麼簡單。受日本畫風影響，這張畫線條簡明，梵谷寫給他弟弟西奧的信中提及「simplification gives a grander style to things, here it is to be suggestive of rest or of sleep in general. In a word, looking at the picture ought to rest the brain, or rather the imagination」這是一個安靜休息的場所，住在裡邊，可以靜思，可以瞑想。畫中鮮明的赭黃，藍色的牆、綠色的窗框，這樣的組合，充滿和諧、溫馨，是他心中所期待的安全島、理想國。這與他現實生活中的煩亂無序其實是相抵觸的。

梵谷的理想，是要將他的黃色小屋，變成一間法國南部的畫室，一間藝術家永恒的畫室，他要在此終老一生，歡迎所有的畫家來此作畫。他甚至安排高更當他畫室的主任。高更是他的第一位客人，他為了歡迎高更到來，積極佈置黃色小屋。他自己生活簡單，卻幫高更買好的床及家具，他畫向日葵及這張畫，來佈置高更的房間。

高更離去，不久，梵谷即住進聖瑞米療養院，南部畫室的構想，終究沒有實現。

擺在「臥室」旁邊的一幅「梵谷自畫像」（1887年畫），也讓我沉思良久。如果看過梵谷的照片，你一定得承認他長得非常帥，是個美男子。他風度翩翩，氣質不凡。可惜梵谷留下的照片不多，書上常見的，大概只有兩張吧！他的自畫像，倒是留下不少，當他雇不起模特兒的時候，他就拼命畫自己。梵谷曾經說：「我要畫一個人像，就要使大家感覺到那個人的整個生命之流，感覺到他所見，所做，所遭受的一切。」是的，梵谷總是把自己畫得那麼蒼涼，像個老頭似的。他的自畫像，刻印著他內心的掙扎，失戀、病痛、孤獨，全寫在這張臉上。這不該是一張三十多歲的年輕人的臉呀！但生長在一個無人能接納他的年代，那種被壓抑的心是蒼老的。

畫家的痛苦，在於不被人了解。終其一生，理解他的，只有他的弟弟西奧，而賞識他的，只有嘉舍大夫與奧里葉兩人。諷刺的是，梵谷家族在當年，是全歐最大的販畫世家，他的叔伯開的藝廊，涵蓋西歐各國，但梵谷在他們的眼中，只是一隻不成材的黑羊。他有生之年，只賣出一張畫，只看到一篇奧里葉寫的美評。

看完梵谷傳，再到芝加哥美術館走一回。看著展廳中擺放的，都是梵谷當年在巴黎的畫友。秀拉、高更、羅特列克、塞尚、畢沙羅，這群當年默默無名的畫家，怎麼會想到有一天，他們的作品，全被高掛在世界著名的美術館呢！

左上：梵谷作品「臥室」
右上：梵谷作品
左下：高更作品
右下：秀拉作品「大碗島上的星期日下午」

七二七搬進博物館

飛機來到博物館正前方，吸引許多人圍觀

當你參觀博物館，見到巨大的潛水艇，或是其它體型龐大的物體在館內展示時，你可曾想過一個問題，它們是如何進入博物館的？話說回來，你見過一架龐大的七二七型飛機，放進博物館嗎？

芝加哥科學與工業博物館（Museum of Science and Industry），位於芝加哥最漂亮的一條高速公路湖濱大道旁，在市中心南側，緊依著密西根湖畔。它不僅是芝加哥文明與美的象徵，在國際上更享有盛名，每天來自世界各地的遊客絡繹不絕。它的誘人，不只在於外觀建築的美，其展出的科技產品，舉辦的各項活動，館內的半球型大銀幕電影院，無一不深深吸引著群眾。

1991年，聯合航空公司，贈送一部退休的七二七型客機，給芝加哥科學與工業博物館。這架飛機建造於1964年，1991年功成身退。在服勤過的六萬六千小時中，它曾經飛行了大約四千五百萬公里，搭載超過三百萬名乘客。

歷經一年多的策劃，飛機終於在1993年9月22日安放在博物館西側的展覽館旁。

早在飛機送給博物館前，一群策劃人員即不斷地籌劃，要如何將飛機送達博物館？科學與工業博物館沒有跑道，飛機降落也成頭痛問題。能讓七二七型飛機降落而且離博物館最近的機場，是芝加哥中途機場（Midway Airport），但是中途機場和博物館之間有十四公里的距離。可以想像，一架龐大的飛機，要在芝加哥市行走十四公里，勢必有困難，也不可能。芝加哥還有一個小型機場Meigs Field Airport位於密西根湖畔，靠近市中心，離博物館也不遠。這是一個僅能讓小型飛機起落的機場，以七二七型的飛機來講，跑道不夠長。但是飛機降落到湖畔機場有個優點，飛機可經水陸由密西根湖送達博物館。（註：湖畔機場於2001年911恐怖攻擊以後，當年的芝加哥市長戴利以保護市民的安全為理由將它鏟平，現在這個機場已經不存在了。）

最後，策劃人員終於克服種種技術問題，包括減輕飛機重量及採用安全攔網等措施，才讓飛機從芝加哥O'Hare國際機場順利飛抵湖畔機場。這是它最後一次的飛行記錄，因為從來沒有那麼大的飛機在湖畔機場降落過，這次飛行也為湖畔機場締造了新頁。

飛機在湖畔機場降落，隨即被拉到湖邊，放到大型浮板上，由拖船拖到印地安那的蓋瑞城暫放。這段時間，飛機先在蓋瑞城做展示前的準備工作，如拆卸座椅等部分設備，另一方面，博物館則做安放飛機場地的規劃。經過一年多，飛機終於在9月21日午後，由拖船拖到博物館東側的湖面，一個最適合上岸的點。

22日上午9點40分，我到達博物館時，飛機仍停在湖面的浮板上。湖畔擠滿了看熱鬧的人潮，各電視台的採訪車，早已在現場待命。工程人員忙著用厚厚的枕木搭建臨時碼頭，並用大鋼板鋪在臨時碼頭上，連接浮板和碼頭，以便讓飛機順利上岸。

11點整，飛機由前導車引領著，慢慢滑離浮板，停上臨時碼頭。此時，岸邊的群眾不停地歡呼，電視台的直升機也在空中盤旋，他們一定迫不及待地要攝下這一歷史鏡頭，趕在午間新聞播出吧！飛機雖上了臨時碼頭，離博物館可還有一大段距離，飛機緩緩的向前移，工作人員則忙著用推高機和吊車，將飛機剛剛走過的枕木與鋼板拆下，再移到前面鋪起來。

科學與工業博物館原是一個博覽會場的一部分。1893年，芝加哥舉辦一場大型的世界哥倫布博覽會，最早的摩天輪就曾在這兒展

拖船已經靠岸，飛機仍停在浮板上，準備上岸

飛機順利上岸，停在臨時搭建的碼頭

示。隔年夏季，博覽會結束後，大部分會場都荒廢了，只留下一幢宮殿式建築，成為市政府一棟礙眼的建築物。後來，芝加哥百貨大亨Marshall Field捐了一百萬美元，將它重新裝修成菲爾德哥倫布（Field Columbian）博物館，並展示一些哥倫布探險，發現新大陸時的古文物，以及一些美國本土的動物、植物標本。1905年，菲爾德哥倫布博物館改名為菲爾德自然歷史博物館（Field Museum of Natural History），並於1920遷到北邊，靠近市中心。博物館遷移後，位於海德公園的這棟宮殿式建築，再度遭到荒廢的命運。1926年，芝加哥一家大公司Sears的老板Julius Rosenwald捐出三百萬美元，重新構思，加上市政府賣出五百萬美元的債券，才又將它整建成今日的科學與工業博物館。至於Julius怎麼會有把它變成科學與工業博物館的想法呢？這又要追溯到1911年了。

那一年，Julius帶著他八歲的兒子威廉到德國玩，參觀德國的Deutsches博物館。館內展示的X光儀器，將威廉的手骨照出來，引起他們父子倆的興趣。Julius想，如果能夠在自己的故鄉芝加哥，也蓋一座這樣具有科學趣味的博物館，應該很有意義。十五年後，他捐出三百萬美元，完成這一心願，將這座廢棄的宮廷式建築，重新整建，不僅保持古蹟的完整，還蓋成這樣一座類似Deutsches博物館的科學與工業博物館。1933年7月1日，這座博物館以嶄新的面貌重新對外開放。

下午2點20分，飛機終於走上湖濱高速公路。上了高速公路後，似乎一切都很順利了，但是有兩個轉彎，卻也折騰了老半天。由於高速公路兩側的路面高低不平，加上機身又長，使轉彎倍增困難。工作人員不斷的在地面加木板塊，讓地面能稍為平坦，機身也反反覆覆一再調整方向，飛機終於安然地下了高速公路。

這天，博物館將所有停車場全部封閉，充當飛機走道。飛機離開高速公路，馬上進入博物館東側停車場。沿著東側停車場，走到博物館正前方，是整個行程中最順利的一段路。三點鐘，飛機停在博物館正門前，工作人員總算鬆了一口氣，大夥興奮地拍照留念，稍事休息。

我第一次參觀科學與工業博物館，就被它的新奇有趣所吸引，隨即加入成為博物館的會員。加入會員，不僅可以享受館內所舉辦的各項活動，還可以憑會員證，免費進入全美國約一百家科學博物館，實在划算。館內著名的煤礦脈展示場，是我們全家人都喜歡去的地方。整個礦脈區設計得像真實的礦區一般，可以在坑內搭礦車，坑內每一小站都有解說員詳細講解，以一種靈活的教育方式呈現給小孩，大人也能從中吸收許多豐富的知識。

館內有一艘潛水艇，到潛水艇內逛一圈，可以體驗一下海底生活。這次運送飛機的一些構想，也是參考當年運送潛水艇的經驗。太空館內展示多艘退休的太空船，同時有登陸太空的立體電影，並詳細介紹太空人的生活。半球型的大銀幕電影也在太空館內，經常更換科學影片。館內也有一些比較靜態的展示，人體切片便是其中之一，而人體的橫切面和縱切面，從頭部到下腹部的位置，讓我們很清楚地瞭解人體的結構。「生命的誕生」是一系列生命的孕育過程，讓我們了解人是如何在母親的懷中漸漸長大，很有意思。以上這些，都是參觀博物館時很值得看的部分。

半小時後，飛機繼續往西側行進，館內正巧走出一群遊客，看見巨大的飛機停在博物館前，都興奮得不忍離去，儘管導遊一再催促，還是有人拿起相機要拍下精彩鏡頭。往博物館西側的路，有一段離開停車場，繞到公路上。這時，麻煩又來了，路燈、紅綠燈、電線桿、行道樹一大堆雜七雜八的東西擋在路旁。另一群工作人員又急急將行道樹壓低，並將路燈、紅綠燈和電線桿暫時拆除，飛機才得以停進西側廣場，這時已是5點30分。各電視台的採訪車，已各就各位，升起微波發射器，準備報導晚間新聞了。

當人潮漸漸散去，我往回走，只見工作人員仍在忙著，有人忙著在飛機四周打樁子，拉鐵絲網，有人忙著將拆下的電線桿和紅綠燈歸還原位，不知還要忙到幾時呢！

這架飛機在博物館內重新裝修，於八個月後正式開放給遊客參觀，放在博物館二樓的展廳。聽說飛機進入博物館時還大費周章，把博物館大門的樑柱都拆了才進去的。

來世今生的迷思——金字塔內的秘密

菲爾德自然歷史博物館的古埃及館內展出的木乃伊

「你的心與誠信的羽毛放在天平上，是否等量？」聽到這段話，我心頭一震，立刻陷入沉思。

在芝加哥「菲爾德自然歷史博物館」（Field Museum of Natural History）的古埃及館內，我應邀參加一場皇后的葬禮。在告別的儀式中，祭司與皇后的靈魂有一段對話。靈魂正在接受祭司的考驗，準備回到皇后的體內，祭司問：「你的心與誠信的羽毛放在天平上，是否等量？」

這是儀式中最後一段審判的話語。如果回話是肯定，皇后的靈魂就可以永遠伴隨著身體，享受安樂的來生；如果是否定的，皇后的心將被一隻惡魔吃了，她會再死一次，永遠死了。

埃及人相信，一個人在生前的所做所為，如果問心無愧，死後，就可以過一個比今生更愉悅、更富足的永恆來生。

告別儀式冗長而繁複，皇后的身體已經被做成木乃伊。但是現在，木乃伊仍然是一個空殼，她的靈魂還在接受審判。有四十二個神祇當判官，問她生前的種種事蹟，考驗她的忠誠。她必須要通過這些嚴厲的考驗。

輪迴與來生的觀念在埃及人的腦海中代代相傳，他們認為人死後，如果不能保存身體的完整，那麼靈魂也會跟著永遠死亡。埃及人於是把屍體做成木乃伊，以乾燥的方法來保存它的完整。另外，埃及人也有崇拜動物的習慣，認為某些動物是神的化身，具有神性，所以很多動物死後也製成木乃伊。

最初，埃及人將屍體埋葬在高溫、乾燥的砂中，自然形成木乃伊。漸漸的，屍體改為埋葬在墓穴中。為了防止腐爛，就以人工製作木乃伊。人工製作的木乃伊，從埃及第一王朝時代（大約五千年前）的遺跡中，就被發現了，但是在第十八至第二十王朝時代，這項製作技術才到達巔鋒。目前世界各地博物館收藏的木乃伊，有很多是那幾個王朝遺留下來的。

製作木乃伊，是一項龐大的工程，要耗費七十天的時間。

皇后逝世那天，她的身體就被切開，取出腦、內臟，這些內臟放入罐中，將與木乃伊一同埋入金字塔內。內臟取出後，塞入乾草，防止身體變形，接著用鹽和蘇打等物質蓋住她的全身，讓體內的水份流失，乾燥過程約四十天，然後在她的體內裝入防腐劑，再用樹脂、香油等芳香性物質塗抹全身，以長約四百碼的紗布緊緊包裹。纏繞過程中，首飾、護身符等物也一起裹在裡面。

皇后的靈魂在木乃伊的製作過程中離開了身體。現在木乃伊做好了，人們要舉行一項隆重的告別儀式，將皇后的靈魂、感官知覺召回她的體內。為了讓靈魂回來時能明確的辨識自己，於是埃及人將棺木製作成人形，並且畫上死者生前美麗的俏模樣。

通過祭司的考驗，皇后的靈魂回到木乃伊以後，隨即舉行葬禮。人們鳴歌奏樂，並且以嘉餚、美酒歡慶，慶祝皇后將到一個比今生更幸福的來世。許多陪葬的寶物，像寶石、金飾、戰車、雕像、衣櫃等，也隨著木乃伊放入隱密的金字塔內。

1908年，「菲爾德自然歷史博物館」從埃及買來一座金字塔內的兩間墓穴，經由海運送到美國。墓穴重新布置成一座小型的金字塔，開闢了古埃及館。

館內除了人體和動物的木乃伊，還蒐集許多陪葬物，並且展出多項相關的學術研究成果。例如一個未拆開的男孩木乃伊，研究者以

上：菲爾德自然歷史博物館

下：在乾燥沙漠中，自然形成的木乃伊

X光來透視，由骨架看出他的腳骨有折斷的跡象等。館內還以一系列的模型和圖形，介紹木乃伊的製作流程，埃及人的宗教觀念、葬禮儀式，以及他們對生死的看法。

館內的展出，如透視鏡般，將金字塔內的世界，細膩的呈現在世人眼前，神祕的木乃伊，其實只是經過人工處理而保存完整的屍體。木乃伊，解釋了古埃及人對於來世追求的宗教觀念。

金字塔內的秘密被重新解讀，死亡，依然是個未知數，今生與來世的追求，永遠是人類的迷思。

左：從X光的透視圖，可以看到這個小孩木乃伊的腳骨斷了

右：木乃伊及繪有彩畫的棺木

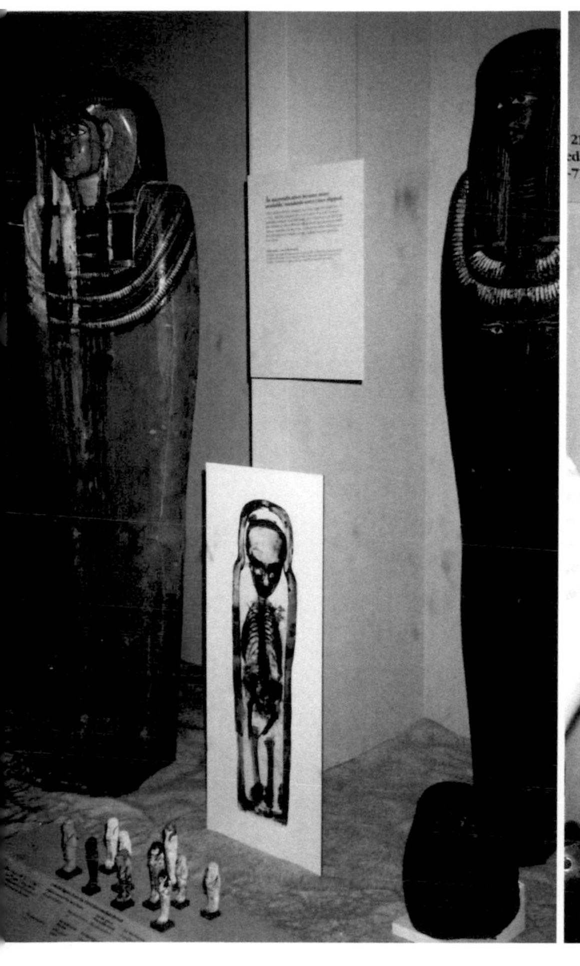

蘇——最完整的暴龍化石

「蘇」是歷史上所發現最大、最完整的暴龍化石

「蘇」的六十顆巨齒，是美國青少年喜愛談論的話題。牠露齒而笑的樣子令人不寒而慄，卻充滿神祕的氣息。

在地底沉寂六千七百萬年後，2000年5月17日，蘇以最完美的面貌，在芝加哥「菲爾德自然歷史博物館」展出。

蘇是歷史上所發現最大、最完整的暴龍化石，1990年夏天在美國南達可達州出土。取名為蘇，是因為發現牠的是「蘇・韓德瑞克森」女士。韓德瑞克森，自學成功，是真實生活中的探險家，她不謹在全球留下腳印，也讓許多珍奇的科學與考古寶物出土。

蘇於1997年在紐約曼哈頓拍賣時，只經過十分鐘的激烈競標，就由芝加哥「菲爾德自然歷史博物館」以八百三十萬美元的天價成交，經過三年的清理組合後，才公開示人。

生性好鬥的暴龍，為了生存，需要殘殺別的動物。牠們是地球上有史以來最可怕、最殘忍的肉食動物。

博物館二樓，有暴龍特展，除了以科學觀點分析蘇的習性，也以繪畫、雕塑展示暴龍的生態活動。科學家為蘇做的電腦斷層掃描圖顯示，蘇的腦殼大如桌子，具有敏銳的感官，前凸的眼睛為牠提供廣闊的視野，耳朵的構造顯示聽力極佳，嗅球有葡萄柚大小，通往大腦的嗅覺神經比脊髓還粗大。藝術家依據蘇的形骸，繪出牠的肉身，猙獰的長排巨齒，彷如餐刀，億萬年前蠻荒中的搏鬥場景，躍然紙上。

蘇的出土，還有一層不凡的意義。在挖出「蘇」化石的同一區，也發現一些小暴龍或剛出生的暴龍化石，使得科學家相信，暴龍應是群體出沒的動物。

「蘇」露齒而笑的樣子令人不寒而慄

擠在水泄不通的人潮中，放眼望去，全是兒童及青少年。孩童們對牠指指點點，有讚嘆，有驚奇。暴龍不再是電影中的抽象畫面，牠的骨骼具體而完整，散發一股掠奪者的威武，昂然立在博物館的正廳中。

菲爾德自然歷史博物館

魚兒水中游

水族箱內的景緻

人常常喜歡用「如魚得水」來形容心中的愉悅；生活在水中的魚類，果真如人類想像的那麼悠然自得嗎？

地球上有四分之三的表面被水覆蓋，海洋、湖泊、河川、溪流、池塘，無數的水域，約棲息了三萬多種魚類。水中的世界看似平靜，卻是一個複雜的環境，充滿了詭異與生存的競爭。

「芝加哥水族館」可以說是一個水中生物的樂園。來自世界各地的魚族相聚在這裡，施展求生本事。水族館中，較勁得最厲害的魚群，要屬位於正廳中那一座圓形的大玻璃池了。

五十多種魚類，和平相處在攝式十五度的水溫中。每天上午十一點，蛙人帶來豐盛的佳餚：烏賊、小蝦、以及切碎的魚肉片。

蛙人才潛入水中，胖嘟嘟的河豚就游過來了。可別看河豚生起氣來劍拔弩張的模樣，牠可是撒嬌能手，跟在蛙人身旁前繞後轉，「看看我嘛！看看我嘛！」牠一定要蛙人親手將食物塞進牠的嘴裡，才肯進食，隨手撒在水中的美味，河豚連睬都不睬呢！

相對於河豚的嬌滴滴，鰻魚可真是蠻悍透頂。牠像強盜似的，只要自己吃飽就好，哪顧得其他魚類的死活。哎呀！蛙人還來不及伸手取食物，牠就一頭鑽進筒中大嚼、大嚥了，「反正我要吃就是要吃，管他什麼餐桌禮儀！」

印魚頭部有一個橢圓形的大吸盤，能夠到處黏黏貼貼，牠就是利用這項本領，佔盡人家的便宜。牠雖然也會游泳，卻懶得不得了。一會兒貼在大烏龜身上，一會兒黏到沙魚身上，到處搭便車旅行，完全不費吹灰之力。連用餐的時間，印魚也不肯自己游，烏龜年紀一大把了，牠非但不體諒，還要烏龜背著牠過來。

水族館，也是魚族選美的競技場所。蝶魚身輕如燕，矯健的穿梭在珊瑚礁群，有如穿花蝴蝶；小丑魚身著橘色禮服，搭配黑褐色的圍巾，像個舞台上的開心果，躲貓貓似的藏在海葵的懷裡；隆頭魚一頭栽進沙中，彷彿隱身魔術師，變出奇妙的戲法；孔雀魚可妖冶了，纖細柳腰款款搖曳，扇狀尾鰭五顏六色，彷彿水中的霓裳仙子……。

魚類因為生存環境不同，發展出不同的生活型態、習性和自衛方式。例如深海中的魚類，因為光線十分缺乏，有些魚的眼睛變得很大，具有像望遠鏡般的構造。燈籠魚的大眼睛，就是個典型的例子。有些深海魚如星光魚、金眼鯛等，為了便於尋找食物，本身就能發光呢！擬態，也是魚類慣用的絕招，藉以矇騙，達到自衛或偷襲敵人的目的，像比目魚就能改變體色來保護自己。

人吃魚，我們習以為常，但是魚吃人，可就令人不寒而慄了。水族館中有一箱被隔離的魚群，就是這種會吃人的食人魚。牠們原本生長在亞馬遜河流域，滿嘴三角狀的尖齒，加上強而有力的上下顎，有如水中惡魔。食人魚的嗅覺特別靈敏，屬於聞血而至的肉食性魚類，如果同一水域有受傷而流血的動物，牠們就會立即圍攏，猛烈攻擊。可別看食人魚窮凶惡極，牠們可是芝加哥水族館中的無價之寶，經常

芝加哥水族館，緊臨密西根湖，這是後側

出借到外州展覽，偶爾也出國逛逛，牠們最近才旅遊回館，這箱魚所見的世面，恐怕比你我還廣呢！

炎炎夏日，在水族館中探奇，徜徉於珊瑚礁群和海洋世界，與白鯨、海豚為伍，就好像潛入深海冒險，充滿了無限的神祕與嚮往。

我不知道被拘禁在水族箱中的魚群快樂不快樂，但是在水族館，我的確有如魚得水的感覺。

水族館正門

上：水族館側門
下：芝加哥水族館

冰上園遊會

雪雕作品

春夏季節，我經常到林肯公園動物園閒逛，動物園在芝加哥市區以北，靠近湖邊，景緻優美，交通方便，又是全年免費開放，園內飼養大約一千兩百隻動物，是假日休閒的好去處。但是我很少在冬天逛動物園。天寒地凍，想像中，動物一定和我一樣，都窩在暖氣房避寒。

每年冬天，動物園都想盡辦法，辦一些有趣的活動，吸引遊客。例如，感恩節舉辦火雞大餐，陪動物吃團圓飯；聖誕節辦燈會，請聖誕老公公來園裡，舉辦詩歌比賽，為動物獻唱等。

幾天以前，芝加哥剛下過大雪，動物園馬上又有新點子，這回是雪雕大賽。動物園免費提供動物模特兒，讓參賽者在風雪中腦力激盪。

為了看雪雕，我也隨著人潮擠進動物園。

我逛了一圈才發現，冬天的動物園，並不是我想像中的蕭條，反而處處呈現生意盎然的景象。動物在雪中的活動力，甚至比天暖時更旺盛。斑馬在雪中徘徊，羚羊在雪中互鬥，老虎在雪中蹦跳，花豹在雪中打滾，獅子躲在石縫賞雪，野狼躺在雪地做日光浴，海獅優游在浮著薄冰的水面，水禽立在冰上沉思，禿鷹在雪地搶食，鳥雀鬆開羽毛，鑽進雪堆高歌……。所有的動物都陶醉在一片銀白世界。

我一直注視野狼，想問問牠，在雪中入夢的滋味如何？牠不理我，我只得稍微計算一下牠睡眠的時間，半個多小時了，這傢伙連頭都沒抬。顯然，有雪毯的覆蓋，牠睡得既安穩又舒適。

兩隻西伯利亞虎似乎對雪情有獨鍾，一會兒趴在雪堆小憩，一會兒用腳爪撥弄雪球，整個上午，都在室外閒蕩。雪，或許讓牠們思念起遠在西伯利亞的故鄉吧！

北極熊平常看起來既笨重又遲緩，但踩踏在雪地上竟如魚得水。牠們輕鬆自如的在薄冰間行走，北極的冰山、冰川，彷彿都在我眼前晃動，一望無際的冰原，霎時變得鮮明。

這個季節應該蟄伏地底冬眠的黑熊，竟然不落人後，也蹓躂到冰上逍遙遊。

企鵝昂起頭，施展雪地滑行的身手，呼朋引伴，順著冰梯，躍入水中。列隊行進的腳步，展現南極洲的風光，讓人如置身於千里冰封的海洋。

駱駝躲在橋底下，望向結冰的湖面，對這種沙漠中從未有過的神祕奇景，充滿好奇。

在鳥獸的世界，雪和雨水、陽光一樣受到歡迎。

順著小道，我邊走邊瞧，來到園內的廣場，一堆堆的白雪錯落其間，選手興高采烈的雕刻心中最喜愛的動物：坐立的獅子、橫臥的老虎、跳躍的海豚、展翅的飛鷹、嫻靜的水鴨、伶俐的雪兔……一尊又一尊生動活潑的雪白塑像，在寒風中挺立。

川梭在人群中，我感覺雪好像一條軟綿綿的毛毯，包裹著大地，散出溫馨的氣息，帶著暖意。原來在寒冷的冬天逛動物園，竟是那麼有趣。

右上：兩隻西伯利亞虎對雪情有獨衷，在室外閒蕩
右中：斑馬在雪中徘徊
右下：選手興高采烈雕刻心中最喜愛的動物
左下：雪雕作品

音樂繚繞的千禧公園

皇冠噴泉（The Crown Fountain）為西班牙藝術家Jaume Plensa 所設計，位於密西根大道旁邊，也是千禧年公園內非常有名的景點，夏日經常吸引許多孩童戲水

到芝加哥不要走馬觀花，這是個優雅浪漫的城市，需要用精緻細膩的心情來體會。每一年從5月到9月底，芝加哥的天空處處飄蕩著音符，街頭巷尾，總有美妙的樂音傳來。

讓市民聽到免費的音樂，把古典音樂帶到戶外，是芝加哥的傳統。這個構想起源於1931年經濟蕭條期間，當年的市長Anton Cermak為鼓舞人心，遂建議舉辦免費的音樂會，讓市民聆聽，於是有了「格蘭特公園音樂節」（The Grant Park Music Festival）這樣的節慶。

格蘭特公園的古典音樂節，是全美國唯一免費開放給市民的一系列古典音樂活動。由「格蘭特公園交響樂團」及「格蘭特公園合唱團」擔綱演出，並邀請世界著名的音樂家及指揮家共襄盛舉。系列音樂會從1935年第一次舉辦以來，今年已經邁入第七十七年。從6月15日開始，到8月20日，為期十週，將有超過三十場的古典音樂會在「千禧年公園」演出。

「千禧年公園」是「格蘭特公園」的一部分。它原來是一處廢棄的鐵道，經過整修，原定於千禧年落成，卻因施工遲緩，延至2004年才開放。當然，它所耗的經費也比預算一億五千萬美元多了好幾倍，花了四億七千五百萬美元完成。花大錢蓋的公園，它的氣派，自是不同凡響，號稱是全世界最大的屋頂花園。公園底下，是一片廣大的停車場，還有一個火車站。

公園內最為人津津樂道的建築，也是園內的設計主體，是豪華的戶外音樂廳Jay Pritzker Pavilion。音樂廳是以Jay Pritzker的名字命名，他的家族以擁有凱悅飯店聞名。音樂廳與旁邊的BP人行天橋都是以不鏽鋼為建材，波浪狀的屋頂與蛇行的橋面，兩者相呼應並連為一體，同為著名建築師Frank Gehry所設計。千禧年公園開放後，戶外音樂廳不僅成了「格蘭特公園交響樂團」及「格蘭特公園合唱團」的新家，它更將芝加哥的夏季音樂活動帶向一個新境界。除了吸引更多的古典音樂迷，它也將各種不同類型的音樂帶向舞台。

許多付不起音樂廳門票的大眾，在這邊得以欣賞到著名音樂家的演出。古典音樂外，「音樂無國界」亦是音樂祭的重頭戲。藉著音樂，讓世界各地的聲音在此交流。它除了請來世界級的民俗音樂家集聚一堂，更將各國特殊的樂器介紹給民眾，例如二胡、古箏、琵琶、揚琴這些西洋人不甚熟悉的中國樂器，經由音樂家的巧手撥弄，就將中國音樂傳揚。由馬友友策劃領軍的「絲路之旅」，多次在這個舞台演出，並受到觀眾極熱烈的迴響，就是很好的例子。今年的「音樂無國界」於6月9日開場，邀請來自內蒙古的樂團演出。其他，像非洲、以色列、加勒比海等地區的音樂，也將在6月、7月間陸續登場。芝加哥與爵士樂幾乎是劃等號的兩個名詞，八月就是爵士樂的天下了，此外、熱門搖滾、歌劇，舞蹈、雜耍也都會在這個季節輪番上場。

戶外音樂廳：由建築師Frank Gehry所設計的千禧年公園戶外音樂廳Jay Pritzker Pavilion，前半段有舒適的坐椅，後半段是青翠的草坪，格型的支架吊滿昂貴的音響，讓聽者即使坐在很遙遠的位置，也能夠與前排的觀眾，享受到一樣的音效

戶外音樂廳可以容納一萬一千名觀眾，華麗的舞台下，前半段有舒適的坐椅，後半段有青綠的草坪。舞台上不管是彩排或正式演出，都隨時開放。你可以在任何時間帶來美食，坐在草地上野餐，同時觀看表演。晚上的節目，大都是六點半開始演出。如果在市內逛了一整

天，傍晚來到千禧年公園正好。先到「皇冠」噴泉旁看孩童戲水，再到「雲門」雕塑前照個像留影，然後來到戶外音樂廳前，石階、草地隨意找個位置坐下，靜下心來，等待樂聲響起。

戶外音樂廳以外，公園各個角落，也經常會有不同的表演及活動，巨型雕塑「雲門」前面，也是一個很熱門的表演場所。千禧年公園內的音樂表演，只是芝加哥音樂祭的一部分，「芝加哥文化中心」裡面的音樂廳，所有的演出，也大都是免費的。

想要了解芝加哥的音樂盛會，先到位於密西根大道上的「芝加哥文化中心」（Chicago Cultural Center）逛一圈，它就在千禧年公園對面。從倫道夫街（Randolph St.）這個門進去，走進旅遊服務中心（Visitor Information Center），這兒放滿芝加哥旅遊及各項活動的資訊，地圖、簡冊，任你隨手翻閱，隨時取走，完全免費，廳內還有服務人員，幫忙你尋找資料，解答問題。「千禧公園的格蘭特公園音樂節」（Grand Park Music Festival in Millennium Park）及「千禧年公園2011」（Millennium Park 2011）這兩份資料，有整季的節目表，演奏樂團及曲目，彩排、演出時間及地點，只要一翻開即一目了然。資料齊全，你就可以按圖索驥，暢遊這個全美第三大的城市了。

註：此篇寫於2011年，文中所記是2011年的節目，每一年芝加哥千禧公園都有盛大的音樂活動。

上左：採排：如果沒有時間觀賞正式演出，聆聽彩排也非常精彩，曲目與正式演出相同，差別只是彩排多半在白天，團員穿便服，偶爾指揮不滿意的段落，會請樂團再演奏一次

上右：黃昏的戶外音樂廳，野餐的聽眾正等待好戲上場

下：雲門雕塑：巨型雕塑「雲門」（Cloud Gate）為英國藝術家Anish Kapoor所設計，「雲門」前面，也是芝加哥夏季音樂會中，一個很熱門的表演場地。因它的外型像一顆豆仁，芝加哥人都俗稱它為「豆子」（Bean）

草原風格的極致——萊特的羅比之家

位於芝加哥大學校園內的羅比之家，是十分典型的草原風格建築，它的外貌以水平的意象與出挑的長簷呈現

傍晚，我倚著大樹，坐在芝加哥大學校園，看夕陽照在一棟又一棟古典、優雅的建築上，聽鐘聲悠揚響起，真是一種至高的享受。

芝大以哥德式建築聞名於世，校園內有一棟獨特的房子，列名於建築史，風格卻完全不同於校內其他建築，那就是「羅比之家」。

1971年9月15日，芝加哥市政府正式將它列名為歷史古蹟。這棟建築落成的時間是1909年，至今才一百多歲，冠上古蹟之名，想必有其歷史意義。是的，設計「羅比之家」的建築師，正是現代四大建築大師之一的萊特（Frank Lloyd Wright, 1867-1959）。

萊特在建築史上占一席之地，是靠他自己的努力。他提出的「草原風格」和「有機建築」的理論，創意獨具，為他日後的聲名奠定穩固的基石（註：學界封他為新芝加哥學派或草原學派的先驅）。所謂的草原風格，基本上是將建築和大自然結合為一體。萊特崇尚自然，把自然當成最高的建築原則。萊特相信好的建築傳達著某種訊息，它不只是一棟房子，它也是親切、安全的，讓人有家庭溫暖的感覺。他的作品，不光著重在外型，他更重視的是這棟建築有沒有生命的外在藝術。

羅比之家是十分典型的草原風格建築，被公認為是這種風格的極致。這棟房子是萊特為芝加哥腳踏車大亨羅比（Frederick C. Robie）設計的家。1906年，羅比在偶然的機緣下，請萊特為他設計新家，羅比的要求是，房子能夠防火，人在起居室裡能自由欣賞街景，卻不要讓外人看見他在裡面，也不要窗帘、百頁窗那些多餘的廢物。

羅比之家就依這個概念而設計，它的外貌以水平的意象與出挑的長簷呈現，加上彩虹似的長條藝術玻璃窗點綴，讓人產生一種和諧的氣氛。在室內設計方面，它是以垂直的線條構圖，融合了日本式的禪意，家具的重心低落，窗台也故意壓低，充滿了詩的凝聚美。

這樣革命性的建築風格，在1910年代驚嚇不少住在附近的居民，但在今天，這棟房子卻成為代表萊特建築風貌的最佳典範。他擺脫歐洲式的束縛，創造出一股全新的風貌，足以代表美國風格。

萊特的建築不僅表現在外觀的設計，連室內家具、擺設也都是整體的呈現。我參觀羅比之家的時候，導遊說了一段小故事，指出萊特的固執與自負，甚至到了霸道的程度。有一戶人家請他蓋一棟房子，落成以後，邀請他到新居小住，他發現女主人將他設計的室內擺設更動位置。第二天，他起個大早，乘著女主人還沒醒來，就將所有的家具擺回他原先設計的位置，聽說女主人一氣之下，從此不再邀請他到家中作客。

萊特雖然沒有正式受過學院的訓練，但他一輩子都在不斷的進修，學習自我成長。他一生設計了兩萬多件作品，除了羅比之家，位於賓州的落水山莊，日本的東京帝國飯店，紐約的古根漢美術館都是他的作品。落水山莊更是羅比之家草原風格的延伸，許多人都說它是世界上最美麗的建築。

兩年多前，我們開車送女兒到華府史密松寧博物館實習，路過賓州時，特地繞道訪落水山莊。落水山莊是萊特為匹茲堡百貨公司大亨考夫曼（Edgar Kaufmann）蓋的週末渡假屋，位於一個很偏僻的小村，那兒林木蒼蒼，有山有水，有瀑布。考夫曼夫婦原來希望房子能面對瀑布下方，但萊特卻有不同的想法，他把房子直接蓋在瀑布上，讓小溪流經室內。落水山莊沿著山坡由下往上而蓋，房子被圍繞在一片森林中，整座山，就只有這棟建築。它遠離塵囂，藉山石落水，渾然天成。我第一眼看見它時，就有一種非常熟悉的感覺，水平的意象與出挑的長簷，正如同芝加哥的羅比之家。因為時間的關係，我們沒空入內參觀，在森林中環繞山莊逛一圈後，隔著小溪站在對岸欣賞，房子下方，瀑布從石壁披掛而下，潺潺水聲入耳，亦可感受到一灣清泉流經室內的清爽。

芝加哥郊區的橡樹鎮也有許多萊特設計的建築，他的住宅和辦公室都在橡樹鎮。這位崛起於芝加哥的建築師，從十九歲開始建築生涯，他豐沛持續的創造力，使他到了晚年，作品仍不斷問世。他有三分之二的作品是在六十歲以後才完成，落水山莊就是其中之一。他勇於改變既有的風格，嘗試新的潮流和趨勢，終於耕耘出一片自我的天地。

位於賓州的落水山莊更是羅比之家草原風格的延伸，許多人都說它是世界上最美麗的建築

走出羅比之家，我有一種豐碩的充實感。歌德說：「建築是凝固的音樂」，是的，羅比之家，讓我感受到的，不只是一棟賞心悅目的屋宇，也讓我體驗了美的律動與規則，那些深具創意的旋律，在我心中迴盪、交織。

上：萊特相信好的建築傳達著某種訊息，它不只是一棟房子，它也是親切、安全的，讓人有家庭溫暖的感覺

下：萊特把落水山莊直接蓋在瀑布上，讓小溪流經室內

隔街對望的兩個女人

米羅以反轉的高腳酒杯，做為女人身體的造型。這件作品座落於芝加哥市政中心對面的邦斯威克廣場

來到芝加哥的人，常會為兩個女人所迷倒。我也經常獨自到「芝加哥市政中心」廣場前與她們交談。

女人看女人，越看越有味，越看越入迷，有幾許的幻想和羨慕，難免也有幾分醋意與嫉妒，到底她們美在哪裡？哪一點吸引人？為什麼她們總是充滿盈盈的笑靨？為什麼她們不怕風吹雨打，冰雪摧殘？

兩個女人面對面相望，心胸豁達，漂亮自負，卻非常有修養的從不隔街對罵。

畢卡索說：「她是我的最愛。她獨立豪邁，堅毅果決；她溫柔浪漫，充滿了熱情。」

米羅說：「她是我心醉的人。她嫵媚多情，高貴雍容；她的心地善良，熱愛世界。」當我站在街頭欣賞兩個藝術大師的傑作時，也常常聯想：藝術家在創作一件作品的時候，他的靈感來自何處？在什麼環境下，使他們對美的銓釋有不凡的見解？

我想，西班牙民風的浪漫，也影響了米羅創作的觀點吧！他對女人一定有獨特的品味，女人在他心中就像一杯馥郁馨香的醇酒。你看，他以反轉的高腳酒杯，作為女人身體的造型。杯口是搖曳生姿的裙襬，細瘦的杯腳，是動人的柳腰，杯把部分變成迷人的細頸與前胸。至於頭部以叉子造型來完成，朝天的叉尖，像是女人戴在頭上的冠冕，富貴大方有如女王。很奇特吧！一個酒杯、一把叉子在藝術家的創作意識中就能代表一個女人。

1981年4月20日，在米羅八十八歲誕辰當天，這件作品被安置在芝加哥市政中心對面的邦斯威克廣場。它是西班牙現代藝術大師米羅生平中，唯一屬於大型紀念碑式的公共藝術。

畢卡索心目中的女人有點詭異，造型像個印地安人頭，以極現代化的線條塑成一個三度空間的立體雕塑，代表著強勢、粗獷、義勇，卻也溫柔敦厚、熱情洋溢。這內涵正顯現出芝加哥歷史、文化和生活的一部分精神。藝術品的呈現，通常會與當地的人文、環境、建築景觀等條件相互搭配而成。畢卡索這件作品以高碳鋼的素材塑成，如果仔細欣賞，你就會注意到這種質材和市政中心大樓結構的建材完全相同，具體呈現出藝術品與建築景觀互動的美感。

1967年8月15日，這件作品在市政中心廣場前揭幕。因為有了這件歷史性的作品，芝加哥公共藝術的推廣，邁向了新的紀元。

畢卡索的最愛，米羅心醉的人。兩個藝術家將他們心目中最崇敬的女人，獻給芝加哥市民，性感的美女造型經過藝術家感性的思考而完成。兩個女人面對面，昂然挺立在最熱鬧的街頭。她們，不僅提升了芝加哥的公共藝術形象，也讓芝加哥充滿文化氣息。

佇立街頭，我思索女人，寧為女人。

右：畢卡索的作品，座落於「芝加哥市政中心」前面的廣場。廣場前經常舉辦各項活動與音樂表演

下：畢卡索這件作品以高碳鋼的素材塑成，質材和市政中心大樓結構的建材相同，具體呈現出藝術品與建築景觀互動的美感

紅鶴

柯爾德的作品「紅鶴」，座落在「聯邦大樓」前面的廣場，是芝加哥公共藝術的重要地標之一

午後，氣溫大約攝氏零下五度，我經過「聯邦大樓」廣場。冷颼颼的寒風直撲臉龐，街道籠罩在一棟又一棟摩天大樓的陰影中。

剎那間，一道陽光沿著街頭迅速地掃過，我一抬頭，那束映照著聯邦大樓黑色玻璃窗的光，恰好落在「紅鶴」的頸上。這樣的景緻雖然來得突兀，卻多麼令人欣喜與感動啊！

是的，就是這隻紅鶴，陽光從它的頭頂掠過，暖意在它的四周飄浮。它傲然地佇立在人群中，正有一股熱流從它的身上向街頭散播。

芝加哥是一個美麗的城市，即使在酷寒的冬日，依然有明媚、多變的色彩。沿著市區街道行走，一件又一件的藝術品就在你眼前晃動。在街這頭，你才剛與「畢卡索」對話，越過馬路，你馬上又有機會與「米羅」碰頭；幾分鐘前你才見過了「高登」，這回你又碰到了「柯爾德」。

芝加哥就是這麼迷人，大型雕塑作品沿街羅列，處處充滿文化氣息。它像一座沒有門禁的博物館，永遠不收門票，敞開胸懷歡迎你「走上街頭」。這樣的街頭運動，沒有鼓噪的群眾喧譁，沒有不實的高談論調，它的語言張力就是「沉靜」兩個字。它昂然矗立街頭，超越時空的藩籬，將你的心靈引進一個空曠的世界。

座落在「聯邦大樓」廣場前的「紅鶴」，自從1974年安置在這裡以後，不僅成為芝加哥公共藝術的重要地標之一，也成為芝加哥城市文化的精神支柱。作者亞歷山大・柯爾德（Alexander Calder, 1898-

1976）是近代著名的雕刻家，在美國公共藝術史上有相當重要的地位。柯爾德最愛紅色，他曾說：「我愛紅色愛得不得了，恨不得將所有的東西都塗成紅色。」這件作品當然就以他最愛的色彩來表達了。作品的結構好像一隻彎著頸子的紅鶴骨骸，跟旁邊這棟黑色的聯邦大樓一比，紅色給人一種熱情、溫馨的感受。

如果仔細欣賞，可以注意到它的組合，是用一片又一片三角形與拋物線，拼合而成的立體幾何圖形，只由幾個簡單的定點著地支撐，十足呈現出「力與美」的結合。剛毅與不屈服，傲視群倫卻又溫柔敦厚，這也正是芝加哥文化的特色。

我佇立在街頭，路上行人稀稀落落，「紅鶴」散放的熱情，在我心中緩緩迴流。一道陽光掃過街角，彷彿一枝描繪圖像的炭筆，素描著這樣的季節，這樣的午後。

大湖之泉

塔非的作品「大湖之泉」，女神手中手捧的貝殼流程，正如五大湖的水利循環系統

沿著美國、加拿大邊境，蘇必略湖、密西根湖、休倫湖、伊利湖、安大略湖，連結成一片廣闊的五大湖區，構成世界最大的淡水水體。這幾個大湖，以前是到北美洲內路探險的重要途徑，現在還是一條內陸運輸的要道。幾個大城市如芝加哥、底特律、克里夫蘭、多倫多等，都因為臨湖而建立、開發成為國際大都會。不論是經濟、觀光價值或歷史意義，五大湖在美、加的開拓史中，有很重要的影響。

五大湖的浩瀚，源於冰期時的大陸冰川沖蝕。過去的兩百萬年裡，冰川幾度進退維谷，沉積堆疊，造成今日繁華的五大湖。

在芝加哥藝術博物館南側的建築前，有一座雕塑噴泉，就將五大湖同源共生、互蒙其利的循環關係，刻劃得非常傳神。

這個噴泉是著名雕刻家塔非（Lorado Taft, 1860-1936）在1913年完成的作品，五個氣質不凡的女神代表著五大湖。她們手中所捧的貝殼流程，正如五大湖的水利循環系統，彼此相傳。最高的一個是蘇必略女神（蘇必略湖是五大湖中最大的湖，也是全球最大的淡水湖），她將水傳給站著的密西根女神，中間的休倫女神，又將水引給伊利女神，最低層的是安大略女神，她伸出的右手，象徵著湖水東流入海。

我很喜歡這座名為「大湖之泉」的雕塑作品。閒暇的時候，坐在博物館的南側公園旁，讓自己沉浸在古典的藝術氣息，以及現代文明的潮流中，在芝加哥最熱鬧的密西根大道上，浪漫的感受這些女神的溫柔。她們在晴空下，與世無爭的傳達著某些訊息，訴說著流金歲月的燦爛，也表達了浮光掠影的虛幻。

累了，我閉上眼睛小憩片刻，讓思緒停留在春日湖畔的蘆葦迎風搖曳，也任它翱遊到冬日的冰封萬里；讓美麗的浪潮，翻湧著昔日的記憶，也讓平靜的湖面，映照被遺忘的過往痕跡。

街頭行人匆匆走過，五個女神神色自若的擁抱著大湖之泉，彷彿鬧市中的一股清流。淙淙泉聲細細的傾訴，流瀉著五大湖區的滄桑與繁榮。

潮來潮往，五大湖的風起雲湧，終將成為歷史；而藝術的實質精神，卻是永恆。

時間之泉

塔非作品「時間之泉」，以一百個人物，象徵一百年，他把自己也雕刻在其中，整座雕塑全長38.66公尺

十幾年前的某個冬日午後，我途經華盛頓公園，看到一座荒廢的噴泉，形同廢墟，矗立在街頭。一股隱隱的哀傷盈滿心頭，我突然記起余秋雨在「文化苦旅」書中「廢墟」這篇文章裡的一段話：「沒有廢墟就無所謂的昨天，沒有昨天就無所謂的今天和明天。……營造之初就想到它今後的凋零，因此廢墟是歸宿；更新的營造以廢墟為基地，因此廢墟是起點。廢墟是進化的長鏈。」這段話的確令人感傷，眼前的場景就是最明確的印證。

沒有流水的噴泉，襯著淡灰色的天與飄浮的雲，看來淒寂難耐，再細看，卻發現裝飾著這座噴泉的巨型雕塑，內蘊著豐碩的美感，凝聚一股向上的生命力。長方形的大水池前面，昂然獨立的時間之神，神祕地凝視著眼前一百名前仆後繼的男男女女。浮世中的群眾，表情有熾熱、溫煦、狂放、沉著、貪戀、迷惑，在生命的浪潮中浮浮沉沉，與時間之神交戰，掙扎在情慾、愛恨、歡愉，苦痛、戰爭、和平、生、老、病、死的路途。

這座以銅、鐵為基架，再以水泥舖蓋塑成的雕塑，名為「時間之泉」，是芝加哥著名的雕刻家塔非（Lorado Taft, 1860-1936）於1922年完成的作品。塔非誕生於伊利諾州的Elmwood，1880年從伊利諾大學（University of Illinois at Urbana-Champaign）拿到碩士學位後，到法國進修五年，1886年回到美國後，他成立自己的工作室，同時到芝加哥藝術學院（Art Institute of Chicago）任教，往後將近五十年的時間他都住在芝加哥。他不僅是一個雕刻家，也是一個著名的學者與作者，他除了在報章雜誌發表許多文章闡述藝術理念，也著書立說，他的代表作是1903年出版的「美國雕塑史」（The History of American Sculpture）。

「時間之泉」是由福克森基金會（Banjamin Ferguson Trust Fund）贊助委託塔非製作，用來紀念美國與英國於1814年簽定「根特條約」（Treaty of Ghent）和平協議後，和平相處一百年，因此他以一百個人物象徵一百年，他把自己也雕刻在其中，整座雕塑全長38・66公尺。塔非依據英國詩人道布生（Henry Austin Dobson 1840-1921）的詩「時光悖論」（Paradox of Time）其中的詩句「時光流逝，你說？啊不，天哪，時光停留，我們流逝」（Time goes, you say? Ah no, Alas, time stays, we go）來塑造這件作品。塔非原來擬用花崗岩或大理石作建材，但鑑於芝加哥冬季嚴寒風大，加上建材昂貴，預算不足，所以放棄。他從很小的素描開始，不斷的翻製成正確的比例與尺寸，再到四千五百件模型的塑造，前後共費了十四年的時間，才完成這件雕塑。藝術家的苦心經營和創作的寂寞，以及對作品的執著，都一一寫在歲月上，融入時間的巨輪中。或許塔非所要表達的理念，正是藝術歷程的自我寫照吧！

當年，我從一個旅人的角度看這件作品，心緒很複雜。我看它壯觀的矗立在街頭，卻滿布著滄桑，我感嘆藝術家的心血結晶，終究抵擋不住時間之神的捉弄。

今年7月中旬，我又路過華盛頓公園，同樣是這座雕塑，卻讓我有了截然不同的心情感受。這座雕塑經過整修後，已經煥然一新，斑剝的裂痕不見了，往日的滄桑已消失，沒有裸露的風霜，沒有哀傷。流動的水，在藍天白雲襯托下，讓眼前這些塑像都鮮活跳躍起來，他們勇敢的向前走，一點都不畏懼時間之神炯炯逼視的雙眼。

看到塔菲的作品，重新受到芝加哥人青睞，我的心也跟著舞動起來。這座雕塑已經列為芝加哥重點保護的歷史古蹟。整修一件大型雕塑，非常昂貴又費時，時間之泉就是一個明顯的例子。為了維護這件藝術品，芝加哥公園管理局、芝加哥藝術學院、芝加哥大學都捐出大筆經費，從1997年起就開始分好幾個階段來進行整修，直到2005年才完成。這一個乾涸的水池，荒廢五十年後，終於再度有水流動。

與浮世中掙扎的群眾隔著一道水池，時間之神永遠只是一個冷眼的旁觀者。

華盛頓公園位於芝加哥南區，緊臨芝加哥大學，佔地380英畝，它是南區居民主要的社交及活動中心，每年夏季，經常有大型活動在這邊舉辦，公園以美國總統喬治華盛頓的名字而命名。兩、三年前，芝加哥極力爭取舉辦2016年夏季奧運會，就提出計劃，要將奧運會會館及游泳競賽場地建在華盛頓公園，可惜芝加哥沒有爭取到奧運舉辦權。除了時間之泉，公園裡面的DuSable非裔歷史博物館（DuSable Museum of African American History）也非常有名。現任總統歐巴馬的家就在公園附近。

與浮世中掙扎的群眾隔著一道水池，時間之神永遠只是一個冷眼的旁觀者

塔非前後共費了十四年的時間，才完成這件作品。這座雕塑已經列為芝加哥重點保護的歷史古蹟

核能

「核能」是英國的雕塑大師亨利・摩爾的作品，座落於芝加哥大學校園內，以紀念費米「原子反應堆」的實驗成功

寒風蕭瑟，褪去落葉的枯枝，將「芝加哥大學」校園內的建築層層包裹。午後，我佇立在圖書館旁，陪伴我的是一件名為「核能」（Nuclear Energy）的雕塑作品。

戰爭與和平，永遠是人類探討與爭議不完的話題。多少顛沛流離、傷痛哀愁因戰爭而起；多少溫柔慈愛，心靈慰藉因和平而綻放光明。

第二次世界大戰期間，原子彈之父義大利物理學家費米（Enrico Fermi, 1901-1954）為了逃避法西斯政權的統治，流亡美國。1942年，他和工作夥伴在芝加哥大學建造了世界上第一個原子反應堆。12月2日下午三時四十五分，原子反應堆的連鎖反應開始自動進行，他的實驗成功了！他的成功，使芝加哥大學成為原子彈研究的重要學術機構，也昭示著核子時代的誕生，並將人類的戰爭史，帶入一個新紀元。

1945年7月16日，第一枚原子彈在新墨西哥州的一個空軍基地試爆，人類首次看到原子彈爆炸產生的蘑菇雲，一直升到四萬英尺的高空。同年八月六日，日本廣島成為原子彈的第一個目標。八月九日，美國在長崎投下第二枚原子彈。八月十日，日本無條件投降。

假如當時美國不投擲原子彈，日本會不會投降？這個問題至今仍有爭論。但是原子彈帶來的慘痛與哀傷，卻永遠深埋在人的心靈深處。

「核能」是英國的雕塑大師亨利・摩爾（Henry Moore, 1898-1986）的作品。就在費米原子反應堆成功進行的二十五年後，在同一天（1967年12月2日）下午安置於芝大校園內。這樣的安排，有其歷史與紀念的意義。

這件作品共費了摩爾四年的時間，並且在西柏林完成銅鑄過程，再運到芝加哥。整座雕塑的造型，一般人說它有如原子彈炸開後的蕈傘雲朵狀，而其體鏤空頂端光禿的造型，又像人類的頭骨，強烈的陳述出死亡、防衛與爆破的精神力。摩爾本人倒是有不同的看法，他曾經對友人說，當你環繞著它，換個角度，從另外一面看過來，當眼光穿過那鏤空的部分向前看時，我期望人們能感受到一種精神，那種彷如置身於教堂裡的平和與安寧。

知名的歷史學者麥克尼爾（William McNeil）說：「摩爾的作品，象徵一項令人敬畏的人類冒險。在人類卑微的生存歷程中，突顯出這股人造的無限力量。它顯示人類智慧裡的創造與破壞。感謝這威力，不僅終結劣境，基於人道，也在現實中展現實踐的力量。」

藝術的表現形式，其實只是一種象徵。摩爾的作品，主要在反映創造與破壞之間的矛盾張力。傘下的世界，永遠給人一種神祕的幻想，它可以是溫柔多情的故鄉，也可以是暴力禍亂的泉源。蕈傘雲朵，多麼美麗富有詩意！可是原子彈在高空爆炸那一瞬，散出的熊熊火光，又是多麼駭人。

的確，創造的本意原是美好的，人類的創造力，是一個值得歌頌的奇蹟，可是因創造而產生的破壞，卻是一樁無以回轉的悲劇。原子彈的發明，牽繫著生與死，創造與毀滅，擺盪在奇蹟與悲劇的矛盾之中。科學家內心的掙扎或許正在這裡。當年，許多參與製造原子彈的

位於芝大校園內的核能雕塑與芝大的半球形圖書館

科學家，因原子彈造成的巨大破壞而深感內疚。二次世界大戰以後，他們鬆了一口氣，轉而研究原子彈的和平用途。

費米的原子反應堆，也在二次大戰後開始轉作和平用途，利用原子能來發電。

午後，幾位學生，坐在「核能」底座旁翻閱著書本、閒聊，蕈傘下鏤空的部位，正是他們最安全的寶座，校園一角，靜謐安寧，氣氛平和且溫柔。

正如那船過水無痕，時間，總會讓一些轟轟烈烈的事蹟化為沉寂。二次大戰的陰影，在當今現實的世界中，竟抽象得恍如夢中一景⋯⋯。

閣樓鐘聲

芝加哥大學的鐘塔，建於1931年，擁有七十二具鐘鈴。有人説，鐘塔初建時，是先把鐘在內部架上後，再砌上外面的牆

偶爾，路過芝加哥大學，遠處傳來悅耳的鐘聲，我總會揣測那敲鐘者是誰，悠揚的樂聲，帶著幾分神祕。

有一天傍晚，我從芝加哥大學的洛克斐勒教堂經過，教堂旁邊的草地上坐滿了人，有人還帶了食物像是要野餐，我問路人：「這附近有什麼活動嗎？」「如果你沒事，就坐下吧！等一下有一場鐘琴演奏會，很有趣的，坐下來聽聽吧！」這位陌生的朋友隨後遞了一份節目表給我，並告訴我，演奏尚未開始，有興趣的人，還可以上去閣樓，與音樂家面對面，看他演奏。我看了一下節目表，當天的演奏者是來自德國的Georg Koppl先生，曲目有巴哈、莫札特、貝多芬等人的曲子。

果真，過了一會兒，就有一個人從教堂的側門走出來，問誰有興趣上閣樓看音樂家演奏。這種難得的機會，我怎能錯過呢？我馬上站出來，不到幾分鐘，就聚集了十來個好奇者。於是我們跟著這位先生走進教堂，他先讓我們進教堂參觀，然後帶領我們上閣樓，這位先生也是音樂家，跟我們聊些管樂和鍵盤樂器的差異。

爬了兩百多級的旋轉樓梯，我上到閣樓的時候，已經兩腿發痠，氣喘噓噓了。閣樓的空間大約四坪左右，除了演奏者，只有一部琴。我心中暗想，在這裡演出的音樂家，除了得承擔獨自隱於閣樓的寂寞，還得通過嚴格的體能測驗哩！

音樂家非常幽默，他看到大家滿頭大汗，笑稱自己能在這兒演奏，顯然健康情況良好。

鐘塔音樂，起源於十五世紀，到了十九世紀，製造鐘鈴的工藝已經沒落，幾近絕跡，直到二十世紀，這種音樂才又重新受到重視，目前世界各地能演奏鐘琴的音樂家並不多。

音樂家要我們先在閣樓看他演奏幾首曲子以後，再到戶外的草地上聆聽，感受一下室內與室外音響效果的差異。他並特別強調，鐘鈴的聲音，能夠傳得很遠，是屬於戶外的音樂。

與音樂家面對面，看他手腳並用，拳打腳踢擊踏出每一個音符，我才明白鐘琴演奏，原來也是應用鍵盤的原理。鐘琴是由一組至少有二十三個調好音的鐘鈴所組成。鐘琴的鍵盤組合，跟鋼琴很像，但是除了鍵盤以外，它還有整組的腳踏板。演奏者按下鍵盤或踩下踏板時，牽動相關的鋼索及木桿，觸動鐘擺，於是大鐘發出低音，小鐘發出高音，美妙的音樂就這樣形成，和諧的鐘聲就這樣傳出。

芝加哥有四座鐘塔，是全世界最多鐘塔的城市。座落於西北大學的鐘塔，1901年興建，年代最悠久；瑞柏千禧鐘塔最新，2000年才落成；芝加哥植物園內的鐘塔，開架式的座落在一片綠野中，雖然只有四十八具鐘鈴，顯得嬌小，卻給人一種溫馨舒暢的感覺；芝加哥大學的鐘塔，是全世界第二大的鐘塔，建於1931年，擁有七十二具鐘鈴，光是鑄鐘的材料，就用了一百噸的青銅，最大的鐘鈴，直徑長達十尺，重達十八點五噸，在世界各地極為少見。

這座鐘塔英文全名為：「The Laura Spelman Rockefeller Memorial Carillon」是洛克斐勒二世為紀念她的母親而捐贈給芝加哥大學，所以鐘塔以她母親的名字命名。全世界最大的鐘塔，建於1925年，有七十四具鐘鈴，座落在紐約的河濱教堂，有趣的是它的英文名字也是「The Laura Spelman Rockefeller Memorial Carillon」，是洛克斐勒先生紀念他的妻子而捐贈給河濱教堂的禮物，所以鐘塔以他太太的名字命名。

中場休息時，我們依序走下閣樓，在旋轉樓梯間，隔著窗子，可以看到大大小小的鐘懸掛在樑柱間。有人說，鐘塔初建時，是先把鐘在內部架上後，再砌上外面的牆。回味剛剛音樂家演奏的神情，再看看眼前一具具垂掛的鐘，我不禁讚嘆，這是何等奇妙的樂器。我終於揭開鐘樓神祕的面紗：響起的鐘聲不是用敲的，而是用彈的。只是一般鍵盤樂器都以手指來彈奏，鐘琴演奏者似乎粗鹵一點，除了手指，還得靠拳頭。

下半場演奏開始，我倚在一棵大樹旁坐下。附近的人群，有人手捧書本，有人啃著麵包，有人輕聲交談，每個人都悠閒自在。旋律在空中旋轉、飄下，叮叮噹噹的鐘聲，忽近忽遠。我深深吸了一口氣，原來，古典音樂也可以讓聽者感覺這麼清新自由、不拘小節。

左：芝加哥植物園內的鐘塔，只有四十八具鐘鈴，顯得嬌小，卻給人一種溫馨舒暢的感覺。鐘鈴底下，有一個透明玻璃窗圍繞著的演奏廳
右：芝加哥植物園內的鐘塔，開架式的座落在一片綠野中

鬱金香

鬱金香開時，我總想起她，想起她在花叢中踽踽獨行的身影

鬱金香開時，我總想起她，想起我初到芝加哥那幾年的生活。

她是一位仁慈的長者，也是我的英文老師。

有一年，她在學校宿舍門口，看見一個埃及婦女抱著孩子，面帶愁容，不停的向她招手。她湊近一看，原來一個兩歲多的孩子心臟病發作，呼吸困難。她急忙送他們到醫院，隔兩天，孩子因為太晚送醫急救去世了。

這位埃及婦女不會說英文，先生上課去了，孩子臨時發病，她連求救的電話都不會打，也不敢去敲鄰居的門，只得慌亂的抱著孩子在樓下大廳徘徊。正巧她回家，才迅速將他們送到醫院，但終究沒有挽回孩子的生命。這件事對她打擊很大，也讓她體認到國際學生的家屬，有必要學會基本美語。

那次事件後，她在研究生宿舍創辦英文會話班，並請另一位英文教授，免費為國際學生家屬授課。

她常常提醒我們，隨身皮包內要放幾個緊急電話的號碼，尤其是校警的電話號碼，一定要隨身攜帶。在校園內，只要報上大樓的名稱，校警一定能在兩分鐘內趕到，即使完全不會講英文，說聲「HELP！」也會有人趕來。她常說她並不是要教我們艱深的英文，只是要我們瞭解日常生活的應對。有時連超級市場的廣告單，她也拿來當教材，逐一解釋。她自己買書，印講義送給我們，一點也不計較。

她常向我們誇耀她是曾祖母了，雖然已經七十多，身體仍然硬朗。她的言辭豁達，談吐清晰。她說：「從1939年，我隨先生來到伊利諾理工學院，就把這個學校當成自己的家了。那時候，他還是講師，後來當到系主任。五十多年來，我一直沒離開過這個學校。十年前，他逝世後，我仍捨不得離開，一個人又留下來了。」

她的老家在明尼蘇達州，庭園非常大。我常帶著女兒一起上課，她會講她老家的趣事給女兒聽，比如說在院子裡可以看到小浣熊、臭鼬啦！某棵大樹上有老鷹巢啦！湖邊的水獺如何啃樹枝去築水壩之類的事情。偶爾她也聊及伊利諾理工學院的演變，聽她講述學校的歷史，比我們到圖書館翻好幾冊書，得來的知識還豐富。

她的兒子、媳婦、女兒、女婿都在別州當教授，她卻樂於獨居，留在伊利諾理工學院當義工，義務教導國際學生的家屬。我常想，大部分的中國人老了，都希望兒孫滿堂圍繞膝旁，頤養天年，許多美國人年紀大了，卻寧願選擇獨居，是民族性的不同吧！還是他們不輕易向年紀低頭？

她每次看見我，總是笑嘻嘻，親切的呼叫著我的名字。從她適度的打扮，很難令人相信，她的年紀已經是曾祖母級。

有一回她感冒了，隔一段時間沒來上課。有一天，我參加國際學生婦女會活動，看見她氣喘吁吁的走上四樓，我趕緊上去扶助她。好一會兒，她竟自我介紹，告訴我每週二晚上，在宿舍有英文課，歡迎我去參加。我愣了一下，向她解釋：「我是您的學生呀！每次都按時去上課，還帶著女兒一起上課呢！」我故意提女兒，以加深她的印象。

過一會，她才恍然大悟，悠悠地說：「看我病了一個月，腦子都糊塗了，人老了，記憶力像是忽而消失。一個月來，我一直未外出，今天從宿舍走到這棟大樓，走了十五分鐘，看到校園內滿地的鬱金香，一片欣欣向榮，心情開朗許多，能出來走走，真好！」

對於年輕健康的我們，走一段十五分鐘的路程，簡直輕鬆無比，於她，卻像得到珍寶般的稀奇與可貴。她在向我訴說的，是她向病魔與孤寂挑戰的勝利經驗。我靜聽她的話語，內心卻無盡傷感，人，難免會寂寞的，一個獨居的老人，病了一個月，多麼難耐呀！聽她喘息，無意中望見她臉上的皺紋，比一個月前更深，更明晰。

那一年，鬱金香開得特別茂盛，她從花中走來，蒼白的臉中帶著微笑。從她的眼神，我看見一個不斷犧牲奉獻，一點不求回報的長者。

鬱金香開時，我總想起她，想起那一段在伊利諾理工學院學習英文的歲月，想起她在花叢中踽踽獨行的身影，想起當年課堂上，她一個字一個字糾正我們的發音，不厭其煩的為我們重複講述的情景。

模特兒

左：芝加哥美術館內的雕塑作品

下：「芝加哥藝術學院」是全美數一數二的藝術學校，位於密西根大道的「芝加哥藝術學院美術館」，是全世界十大最受歡迎的美術術館之一

翻開女兒的畫簿，一幅幅全裸或半裸的身軀，在黑白的光影中浮現。有些橫躺，有些側坐，有些只是背影。有幾張是精細的工筆，也有幾張只是粗曠的線條，我仔細翻閱，竟有幾分感動。

女兒暑假到「芝加哥藝術學院」修「人體素描」的課。她喜歡畫畫，卻缺乏正規的訓練。當「芝加哥藝術學院」通知她錄取，她當然興奮異常，能到全美知名的美術學院接受薰陶，怎能不歡欣鼓舞呢？

女兒上課的第一天，就已經嚐到名校訓練學生的風格。回家後，躺在沙發上動彈不得，拿著厚厚一疊畫稿，攤開給我看，有氣無力的說：「這些都是今天畫的」。我算了一下，約有四十張左右。有兩、三張是素描，其餘的都是速寫。

有一張素描，教授給三個小時的時間。這三個小時，模特兒只能固定擺一個姿勢，就像一具活雕像，動彈不得。女兒告訴我，模特兒每二十分鐘休息一次。然而，同一個動作，要擺三個小時，若沒有經過專業訓練，誰有這個能耐呢？

速寫，訓練學生對輪廓的敏感度。女兒說，畫速寫的時候很緊張。如果模特兒在一分鐘之內，做出連續的動作，他們就要在一分鐘之內把這些連續動作畫出來。速寫時，如果教授給二十秒，模特兒在心中默念二十秒，即換另外一組動作，模特兒換動作的同時，學生也要趕快換一張畫紙，畫下新的動作。三十秒、一分鐘、兩分鐘、五分鐘、十分鐘、二十分鐘，模特兒隨著教授發號司令，變換肢體語言，而學生的手，也隨時跟著模特兒的胴體擺動，捕捉那瞬間的美感。

「芝加哥藝術學院」的模特兒，像一個專業的組織，男女老少，環肥燕瘦都有。他們每天一大早，即到學校的模特兒辦公室集合，短暫開會後，各自走向不同的教室。不管是素描、雕塑、油畫、水彩，每一門課，都少不了他們的奉獻與參與。

有一天，女兒神祕兮兮的問我：「媽媽，你猜猜我們今天的模特兒幾歲？」我的概念中，模特兒多半都是年輕貌美，身材姣好者。女兒會故意這樣問，我也就裝蒜的回她：「該不會是個人老珠黃的歐巴桑吧！」女兒說：「她的背影看起來絕對比你還年輕，不過老實告訴你，她的芳齡八十二。」

中國人保守，如果有個年逾八十的老嫗，不好好待在家中頤養天年，卻跑到藝術學院當模特兒，恐怕會引來街頭巷尾的蜚短流長。但是美國人著重專業，覺得年紀上了八十，還能出外工作，自食其力，貢獻專長，他們相當引以為傲。

女兒攤開畫作，一個老婦側躺。不再飽滿的乳房微微下垂，臉上些許縐紋，散發一股飽經世故的傲氣，與一股歷經歲月的無奈與滄桑，性感極了。女兒說，上課的時候，教授體諒模特兒年紀較長，特地安排躺著的姿勢。模特兒個性開朗，休息時間和大家閒話家常。她懂畫，對學生的作品，卻不做任何品評。她的工作，只是擺好姿勢，讓學生從她的體態中，去畫人體的奧秘。

芝加哥美術館內的雕塑作品

某日，我到芝加哥美術館看畫，順便約女兒出來吃午餐。那天天氣懊熱，女兒見我來，興匆匆地拉著我，帶我到密西根大道看模特兒。她說，剛剛教授才帶著全班同學走上街頭，去欣賞力與美的結合。原來，是一群在街角表演打鼓的街頭藝人，因天氣太熱，把上衣全脫光。黑亮的肌膚，滲著汗水，有力的手臂敲擊大鼓，隆隆的鼓聲中，結實的胸肌與臂肌，一塊塊凸顯出來，充滿一股粗獷的蠻力。教授路過，見到他們表演，看到現成的模特兒就在眼前，馬上把全班同學帶出來。一群人汗流夾背，打著赤博擊鼓；另一群人頂著太陽，在街頭作畫。密西根大道，永遠這樣熱鬧非凡。

女兒的教室，每天有不同的模特兒進進出出。她的畫簿，因此顯得豐富多元。有一頁，她只畫出一雙優美勻稱的大腿。有一頁，她畫一位壯碩的男士，正低頭沉思。畫簿中有美少女，也有肥嘟嘟的大男人；畫簿中有健美豐滿的雙峰，也有垂垂老去佈滿皺紋的肚皮。模特兒擺姿勢，畫者取其角度，什麼角度最美？什麼角度最令人感動？模特兒舉手投足之間，皆能牽引畫者的思緒，激發畫者的創作靈感。翻閱女兒的畫簿，我彷彿也能感受到，畫者與模特兒之間的心靈激盪，是一種無聲的語言。

模特兒，是一群不平凡的藝術工作者。他們當中，有工讀生，也有芭蕾名伶。有人為喜愛藝術而執著，終其一生投入這項工作，也有人為生活所需，賺足金錢就走。他們在藝術的領域謀生求存，也為藝術做了很大的貢獻與犧牲。如果沒有模特兒的肢體擺動，如何造就出許許多多傑出的藝術家呢？

芝加哥美術館內的雕塑作品

芝城黃昏

芝城巷弄間的公園，也是老人每天傍晚和孩子説哈囉的地方

三月底，夜間飄下的雪花，只將路面蓋上一層薄薄的白綿絮，人們懶得再拿起鏟子，除去門前的積雪，在午後的陽光照射下，那積雪會自然溶乾。整條街，只有一個人在除雪，看起來有七十來歲吧！太寂寞嗎？寂寞到不該除雪的時候還除雪。

四月初，因有雪水充份地滋潤，綠芽迅速竄出，中旬，在暖暖的陽光巡禮下，家家庭園一片綠油油，人們正興奮著大地復甦的一片綠，就算雜草，也任它去生長吧！春季才正開始，除草機還塵封在閣樓。整條街，只見一個人在除草，是那個看起來七十多歲的人。太無聊吧！無聊到不該除草的時候就除草。

我坐在台階上觀望，看一個那麼閒不住的陌生鄰居，看他為他的庭院整齊地修邊，看他仔細地清理除下的雜草，看他汗流浹背仍自得其樂，我按奈不住心中的好奇，走過去和他打招呼。

「嗨！你好！」

「很高興你們搬來當我的鄰居，以後什麼事，如果我幫得上忙，儘管來找我，幾十年來，我就住在這邊……哈哈！」

一聲你好，拉近了我和陌生鄰居之間的距離，漸漸地，我比較能體會他的無事忙，也體諒了他的無事忙。一個一輩子住在這個鬧市中一條巷弄的老人，一個一輩子沒有結婚沒有子女的老人，更可敬的是，他仍侍奉一個九十多歲的老母，母子相依為命，他為母親整理庭園，為母親鏟除門前積雪。

下午三點以後，街坊的孩子都放學了，我家正對面即是公園，一群群小孩，不是穿著溜冰鞋從我們屋前溜過，就是騎著腳踏車飛快揚過。他，總是在午後，坐在台階前，等著這一群群的孩童，帶著笑容和他們一一說聲「哈囉！」當孩子們各自溜進公園，他就站在台階的最高處，眺望他們揮打棒球，靜觀一個下午，直到公園的孩子散了，才又依依揮手和他們道別。

一直沒見到他母親，我以為九十多歲的長者，應該躺在床上靜養。有一天，她出現了，一個人急步走向公園，我簡直不敢相信一個九十多歲的人，不僅不需人扶持，而且動作竟如此敏捷。她靠到公園的欄杆旁，看孩子們打棒球。他兒子仍舊站在門口的台階上，望著他母親，和他母親一同看著那群孩童。我一直以為那是一場電影中處理過的唯美畫面，沒想到竟如此真實的呈現在眼前，幾十年來，這就是他們母子二人的生活。

眼前景緻，讓我心中無比感動，忽然想起前一陣子，我們邀請前任房東夫婦，到我們新家共進午餐。老房東望向公園，很得意的告訴我，他從孩童時期就一直在這個公園打棒球。年輕時，他義務當教練，現在年紀大了，每星期也一定帶著孫子來，看孫子打，這個公園，伴他渡過七十餘年的歲月。他向我訴說這段輝煌的歷史，流露對這一片土地的滿足。現在我看到這一對母子，他們望向球場的眼神，同樣告訴我，他們一輩子固守的，也就是這一塊土地。

芝加哥湖面的黃昏景色

在芝加哥一個這樣的大城市，城市的喧囂沒有叨擾到他，幾十年來，他獨自奉養老母，他安於這種淡泊自然的生活。誰說芝加哥人只知唯利是圖？誰說芝加哥人缺乏人情味？誰說芝加哥人已經漸漸不懂得孝道？他，是土生土長的芝加哥人。

不知何時起，每當夕陽西下的黃昏，我就會情不自禁走上門前台階，望向公園那一片綠綠的草地，也向他揮揮手說哈囉！

上花轎

敲鑼打鼓新郎把新娘迎娶回來了

社會潮流的遞變下，「男大當婚，女大當嫁」的婚姻觀已逐漸式微，有些人甚至覺得婚姻可能是人生道上的絆腳石，而不願一頭栽進那傳統的窠臼。

婚姻觀式微，那麼婚禮的型式，難道也相對的不再受到重視？

其實不然，當今社會，婚禮的儀式更繁複，風格更多樣。

風和日麗的晨風中，我很幸運的在住家巷弄，觀看一場傳統中式婚禮。鑼鼓喧天夾雜著嗩吶聲，響徹雲霄，新郎倌身穿袍褂，頭戴紅纓帽，領著眾弟兄（伴郎）將花轎抬到新娘家門前。

來美國這麼多年，參加過的婚禮無數，都是洋式的，有些在教堂舉行，有些在大飯店或名風景區，甚至是古堡大肆鋪張，像這麼鄉土，既淳樸又華麗的婚禮，感覺既新鮮又有趣。

中國古代婚禮，大多遵循儒家六禮：由問名、訂盟、納采、納幣、請期、至親迎，諸多繁文褥節。說文上有記載：「婚，婦家也；禮，娶婦以昏時，故曰婚。姻，婿家也，女之所因，故曰姻」。由此亦可知，古時婚禮，多在黃昏舉行，常是兩個家族的聯姻，而不單是兩個個人的結合。

現代婚俗都已洋化，許多儀節也由繁易簡，但是有些約定俗成的習規，像合八字、看時辰等，仍為一般人所遵守。

這對新人，依襲廣東習俗舉行婚禮。

芝加哥的中國城及鄰近的橋港區，也就是我居住的這一區，早期的華裔移民大都來自廣東、香港，居民日常生活用語都以廣東話為主，近幾年，來自大陸的移民驟增，一般商店才漸漸改用普通話與顧客交談，但大多數人仍是講廣東話或台山話。

我好奇地跟隨著行進的隊伍前行，新郎倌駕到後輕敲新娘家的門，以示「我來了」。此時，伴娘開個小窗探虛實，隨後吟詩作對，考新郎倌。十來題的對句，在一唱一答中，不僅刻畫伴娘的俏巧，也考新郎倌的才智。伴娘要紅包，也是討價還價，以詩唱和，價碼談攏，新郎遞上紅包。考試過關，新郎在伴郎擁簇下才入門迎娶，隨後聘禮、聘豬、首飾、糕餅一一跟著上門。

鞭炮聲中，新娘出閣，身著蟒襖，頭戴鳳冠，腳步輕盈，由媒婆攙扶步上花轎。鑼、鼓、嗩吶聲再次震天價響，一行人浩浩蕩蕩走出巷弄。儀式雖然簡單隆重，但是在美國，舉行這場中式婚禮，卻饒富趣味，也吸引許多外國鄰居觀賞。

中國南方，各地婚俗大同小異。我不通曉廣東話，未能將伴娘考新郎倌的詩、詞記錄下來，但是我自幼生長在台灣，對於台灣婚俗約略了解。

台灣婚俗，傳自閩南，亦遵守儒家六禮。台灣婚俗中「納采」和「納聘」合併為「完聘」，只剩五禮，但加上「對看」，就是一般人所說的相親，實際還是六禮。台灣有些基本習俗，很受重視，比如說：男女在服喪期間，要結婚的話，必須趁百日內舉行，否則要等到「褪孝」以後。有些人家避免在同一年內辦兩次喜事，怕的是「喜沖喜」。如果兄弟要在同一年內結婚，便選在同一天，以示「雙喜臨門」。台灣還有一個很富人情味的習俗，新娘要上花轎前，兄弟姊妹辦一桌酒席向新娘惜別，祝福她婚姻美滿，謂之「食姊妹桌」。記得我大姊結婚時，我母親特別辦了一桌非常豐盛的姊妹桌，坐上酒席的，就是我們堂、表兄弟姊妹們。長輩們都沒坐上桌，全站在一旁，輪流上來幫新娘夾菜，並說些祝福的話語，我母親幫大姊夾菜時，話未說出口，淚水就已先流下，媒婆忙上來勸阻，說喜氣洋洋的，別壞

喜氣洋洋的迎娶隊伍

了新娘剛化好的妝。台灣的習俗是，新娘踏出家門，父母必須趕快把家門關上，傳說是為防止福氣被帶走，本義應該是父母不忍女兒驟然離去，為了避免喜事流淚，所以趕緊關門，不送別。

傳統中式婚禮，可說是極具藝術性的民間綜合藝術，熱鬧繽紛的氣氛中，表現獨特的地方色彩。婚禮行進間的音樂、新郎新娘的服飾、乘坐的花轎，華麗明豔中皆保有樸實、淳厚的民風。婚禮儀式，如：對答的詩歌唱和、要紅包討吉利、拜神明祈求平安等，更將中國人喜愛自由、順乎自然、歡樂、有人情味的民性，天真的表露無遺，呈現獨樹一幟的文化風貌。

娶親的隊伍，風風光光的走出巷弄，我的老外鄰居意猶未盡，走過來跟我閒話家常，他問我，你結婚的時候也是坐花轎嗎？我說沒有，我是坐花車穿白紗禮服舉行婚禮的，他哈哈大笑。我深深祝福這對新人，願他們從接納、誠摯、體諒中，建立良好的婚姻關係，共邁人生旅程。

婚禮，已在剎那間燃點了生命中的火花……

釣龍蝦

夕陽下在湖邊釣龍蝦

我住在密西根湖附近，傍晚，常到湖畔散步。有一次，我看見幾個青少年在湖邊玩，每個人手上都拿著一條粗線。我走近以後，才知道他們在釣龍蝦。

有一個年輕朋友，問我要不要試一試。他說：「這不是Lobster，牠們叫Crawfish，外形跟大龍蝦沒什麼差別，產於淡水中。這種小龍蝦最容易釣了，你只要了解牠們嗜食腐肉的習性，在線端綁一塊排骨或雞肉，就能吸引牠們上鉤。」

我看一下他釣龍蝦的工具，果然很簡單，連鉤都沒有。

他還告訴我：「龍蝦喜歡躲在岩石下，你只要把肉塊懸在石縫旁，當小龍蝦用腳緊緊夾著肉塊的時候，往上輕輕一拉，牠們就上鉤了。」

果然，沒幾分鐘，我就釣了好幾隻。

年輕人一邊指導我釣龍蝦，一邊與我閒談：「龍蝦是一種很怪異的動物。牠們雖然生活在水中，卻不會游泳。你看，每一隻都是用腳爬行。龍蝦的聽覺在腿上，味覺在腳上。牠們的腿上長著有感覺的短毛，可察覺水中的聲音和氣味。科學家從海床掘出來的化石發現，一億年以前，龍蝦就是這個怪模樣了，牠們是蜘蛛的海底遠親哩！」

「嗯！很有意思！」

「釣龍蝦，有時候要與牠們玩一點鬥智的遊戲。龍蝦並不笨，而且很機警，想制伏牠，要有一套辦法。你要了解牠們的心情。龍蝦的腦子分為兩部分，分別長在喉嚨的上面和下面。我常跟朋友開玩笑，說牠們是用嘴巴思考的動物，只要滿足牠們口腹的欲望，就能同時擄獲牠們的心靈。」

這個青年很幽默、風趣，他不但釣龍蝦，對龍蝦的習性也一清二楚。

我問他，這種小龍蝦能吃嗎？

「等夕陽西下，我們就在湖畔生火，通通烤來吃，味道很好！」

他爽快的回答，令我突然想起一件往事。

剛搬到芝加哥的時候，朋友告訴我，這兒的龍蝦很便宜。有一天，超市龍蝦特賣，我興奮的帶著女兒上市場。

第一次買回龍蝦，可真費了一把勁。

活跳跳的龍蝦，要如何下鍋？打了幾通電話，有人建議先將龍蝦灌醉，讓牠不省人事；有人說最基本的做法，就是將活蝦直接放入鍋中，鍋蓋一蓋，再打開瓦斯，如此一來，就算龍蝦有十隻腳，也跑不開……綜合各家的心得，我研究出一套獨家的烹調辦法。

晚餐的時候，我得意的將鮮美的龍蝦端上桌。沒想到，女兒一看到煮熟的龍蝦，竟流下眼淚，怪我趁著她去上學，煮了她心愛的龍蝦。她不但拒吃，而且越哭越大聲：「這是我要養的龍蝦，妳為什麼煮了牠？」伴著女兒的眼淚咀嚼龍蝦，我真不知道那一盤龍蝦是怎麼吃下肚的？

這場龍蝦衝突，起因於我們母女沒有事先溝通。上市場的時候，女兒以買寵物的心情買龍蝦，我以買一道菜的觀點買龍蝦。對一個八歲的孩子來說，還有什麼比突然失去心愛的寵物更令人心疼呢？

看著這群青少年釣龍蝦，準備烤龍蝦的愉悅心情，憶起往事，我心中依然深感內疚。女兒從此不吃龍蝦，大夥兒餐聚的時候，即使點了再美味的龍蝦，她也從不心動。多年來，我未曾再買過活龍蝦，其實是不忍心看見女兒那種頓失寵物的悲傷情緒。兒童的心是如此純真，當母親的我，雖是無意中的疏失，卻還真是傷到孩子的心。

夕陽逐漸西沉，柔美的霞光映照水面，伴著青少年的歡笑聲起起落落，芝加哥的傍晚美得像首詩。

快樂的孩子們已經燃起營火，他們將在星空下，大啖龍蝦。與龍蝦鬥智，換取口福。對這群孩子來說，釣龍蝦是一項藝術，也是一種生活美學。看著他們活潑的身影，談笑風生，無憂無慮的在岩塊中跳來跳去，我的心也跟著跳躍、飛揚起來。

蘋果成熟時

滿樹的綠蘋果

5月的芝城，處處飄著花香，微風吹拂的黃昏，沿著密西根湖畔散步，常常被墜落的花瓣灑得滿臉芬芳。湖岸上，蘋果樹綻放的白色花海，浩瀚如浪潮般襲來。捲起的狂潮，裸露的奔洩春光，展現一股向上衝的生命力，閃耀著清新美好的訊息。

我喜歡蘋果樹的自在安詳。春夏秋冬，花開花落，從不誤時，該結果的時候它結果，該落葉的時候，它也不吝於挺立孤傲的枯枝。5月群花怒放，它開的比誰都嬌豔，無意出風頭，卻鶴立雞群、出類拔萃，隨風搖曳。

剛到美國那一年，在一個溶雪後的初春，朋友帶我到密西根湖畔，看這種開滿整棵大樹的花。柔柔的春風中，浩瀚的花海迎面襲來，純白的花瓣墜落湖面。那是我第一次與蘋果樹結緣。整排佇立在湖岸的大樹，以及開滿枝頭的繁花，讓我心悸不已。

就像定時的鐘擺，蘋果樹年年春天開花，秋天結果。我經常路過湖畔，看花開花落，看綠葉叢中茂出紅紅的果實。只是，年復一年，我那種興奮的感覺漸漸淡了、消失了。

對綺麗世界不再懷有憧憬的心境，很令人傷感。我問自己到底怎麼了，竟然對美的訊息變得麻木不仁，是日日忙碌嗎？還是喪失了某種心情？

10月是蘋果採收的季節，我決定到果園走一趟，再去看看蘋果樹，細細體會蘋果成熟時的景緻。

來到芝加哥西北郊的蘋果園，穿梭在綠意盎然的果樹下，我摘下一顆又一顆成熟的蘋果，放進藍中。果園的人說，栽培一棵結實累累的果樹並不容易，要有許多條件相互配合。栽種時，需要大量的有機土壤和水分供它成長。蘋果樹，白天喜熱，夜晚喜寒，這必需在日夜溫差很大的地區，才能有這樣的天然條件。冬天，蘋果樹像大熊一樣，也需要懶懶的睡一覺，來年果子才會結得好。果樹休眠期要在氣溫攝式六度以下孕育約四十天。除了自然的條件，人為的因素也不能忽略，你要關懷它，為它修剪枝葉、除去病蟲害、改良品種……

這些經過人工刻意培育的果樹，高度都被控制在五公尺左右，長在低處的蘋果，伸手就可摘取。我看見樹下堆了滿地的果子，有些是成熟自然掉落，但是大部分卻是遊客隨手摘下，咬了一口就丟棄的。果農用愛心、汗水辛勤栽種的成果，竟被缺乏公德心的遊客丟棄一地。美麗的果實像垃圾般碎落、腐爛，令人心疼。

小時候，吃蘋果是奢侈的事情，多數人是偶爾生病才能淺嚐一口。有時為了想一親蘋果的芳澤，還眼巴巴盼望自己大病一場呢！國中時期，數學老師教導我們有特別的一招，他一進教室，手握一顆大蘋果。考最高分的，那一顆蘋果就屬於誰。當年我的數學成績不錯，可以說是為了那顆誘人的蘋果。那時候一顆蘋果售價約台幣五十元，以當時的經濟情況，算是很貴的，偶爾得到了，也捨不得吃，非得放到香味四溢，幾乎腐爛了，才讓它緩緩入口，回味無窮。

美國超市，蘋果最多，尤其到了盛產季節，整袋整袋的出售，就像台灣在拍賣廉價柳丁一樣，紅的、黃的、綠的、大的、小的、酸的、甜的、做糕餅用的，各色各樣皆有。人說物以稀為貴，這話是有道理，當年為了得到數學老師的獎賞，我半夜埋首苦背數學公式。如今，看到滿坑滿谷的蘋果堆放在超市，我卻連買的慾望都沒有。物質的充裕，讓我對昔日的渴望，也變得全然無知覺了。

累累的紅蘋果

踩在青青的草地上，淺嚐一口親手摘下的蘋果，剛離枝蒂的果實，汁甜、味美，有一股獨特的香氣。我深深吸一口新鮮的空氣，遠眺掠過天邊的雁影，心情頓時豁然開朗。放眼望去，如波的秋色，被滿園的蘋果妝點得更加絢麗、嫵媚。

熟透的蘋果，殷紅似火，高掛枝頭，有些人摘下果實後，小心翼翼將它存放藍中，有些人卻輕易讓它從指間滑落。

蘋果樹，讓我尋回一點失落的感覺。風輕輕吹過，瑟瑟秋聲在我耳邊竊竊私語，它告訴我：期待來春吧！到湖畔去，再去看看如浪潮般的蘋果花海。

也談塗鴉

牆上塗鴉

2011年3月30日《世界日報家園版》刊出陳英剛先生〈塗鴉長廊〉一文，文中他寫道：「來到紐約後，我對塗鴉真是大開眼界，不誇張地說，每隔幾條街，就會有塗鴉展示在眼前。但稱得上『塗鴉長廊』，非地鐵軌道兩側莫屬，或者可以說，紐約地鐵軌道有多長，塗鴉長廊就有多長；紐約地鐵線路有多少條，塗鴉長廊就有多少條。」陳先生在最後一段下了個結論：「有些塗鴉還滿不錯，從顏色的搭配到內容的表現，有一定的藝術性。從紐約人對這些塗鴉的容忍度來看，人們似乎已經接受了這種塗鴉藝術。但是，在潔白的牆壁、高高的建築物上噴塗這些令人費解的圖畫和文字，總是有點與現代文明格格不入。」

拜讀〈塗鴉長廊〉一文後，我也有幾句話想說。塗鴉到底是不是藝術，見仁見智。

以前，看到街頭巷尾無所不在的塗鴉，我只是覺得無法欣賞，自從發現住家附近某些人家的車庫門也被塗鴉後，我就不得不認真研究一下到底是怎麼一回事。

我請教一位在太極拳班認識的美籍警察，他告訴我，塗鴉，基本上是幫派在佔地盤與爭地盤。每個幫派有各自不同的符號與暗語，他們會藉著塗鴉互傳訊息。你如果在社區中仔細觀察，會發現同一個社區的塗鴉，不管寫成阿拉伯數字或英文字母，它一定有一個共同的記號。

後來，我注意到住家附近的塗鴉，都有一個皇冠。他告訴我，這是拉丁幫派已經滲透到這個社區了。他還告訴我，如果被塗鴉，可以打311的電話，芝加哥市政府會派人來清理。

我住的地方，往東是中國城，往西則是以西語裔為主的社區，距離都在十分鐘車程之內。我剛搬進這個社區的時候，居民以意大利人居多，近幾年，人口結構不斷改變，因為靠近中國城，自然吸引許多華裔，但同時也吸引許多西語裔搬過來。現在，整條街聽到的語言，已經不是英文，而是西班牙語或廣東話。

塗鴉，也就隨著人口的變遷，在社區滋長，先是在不起眼的後巷角落看到一片簽字筆的塗文，接著，電線桿、路燈燈柱也開始有人在上頭塗塗抹抹，由黑白變彩色，由角落到公然噴漆到住家的車庫或門口。如果說塗鴉也算一種文化，我只能說它是造成社會亂象的文化，是一種向下墮落的文化，講得現實一點，它是一種使房地產下跌的標記。

知道塗鴉是幫派互佔地盤之後，我和老公開始變得愛管閒事，我們經常打311的電話或寫e-mail給市政府，請人來清洗塗鴉，只要告知街道地址及塗鴉的位置，幾天之內，都會有「塗鴉打擊大隊」來清理。

最近，芝加哥市政府在刪預算，準備把處理塗鴉的預算刪除。有人提出反對的聲浪，認為這條預算不該刪。因為塗鴉不清理，將會破壞市容，影響芝城的觀光事業，更重要的是，當市政府派人出去清理塗鴉時，也同時掌握了幫派滲透的足跡，這將有利於打擊犯罪與毒品防治。

我不僅支持塗鴉的預算不該刪，我更希望美國的警察拿出魄力，抓出那些塗鴉的人，然後像新加坡的政府一樣，一個個打他幾十大板。

燈柱上的塗鴉

可怕的龍捲風

某日，龍捲風特報已發，我在我家後巷拍到這張暴風雨前夕，就在幾分鐘之內，天色突然暗下來，遠處天空色彩非常詭異，幸好龍捲風沒有著陸

剛入夜，我正聚精會神觀賞精采的電視影集，電視機突然發出一陣「嗶！嗶！嗶！」急促的聲響，銀幕上打出緊急氣象警報：警告伊利諾州及印地安那州某些城鎮，將會有暴風雨或龍捲風來襲，警報要到夜間十一點才會解除，請看到電視的人，儘快通知住在警告區附近的親戚朋友。

最近，電視台常常在節目中插播氣象警告。這次我特別驚慌，因為芝加哥就在警告區內。電視畫面上的字幕剛打完，瞬間，天色大亮。我出外一看，只見遠處黑雲密佈，近處卻非常明亮。已經是晚間八點，天色應該暗了才對。可是眼前的景物卻比白天看到的還清楚，但光線顏色非常奇特，看似黃綠色，但照在屋前的水泥台階，又顯得陰沉晦暗。

甥女從西北大學打電話過來，要我們注意龍捲風特報，她說，西北大學附近的天空也變得很亮，很詭異。這種現象維持約十五分鐘，天色才又暗下來，恢復平常的樣子。一個小時以後，芝加哥地區龍捲風警報解除，我總算鬆了一口氣。

住在芝加哥地區的人，這次是虛驚一場；但是離芝加哥約兩個半小時車程的皮奧里鎮，卻未能逃過這場浩劫。十點鐘的夜間新聞，播出一段龍捲風接觸地面的影片：一股猛烈旋轉的風柱，把雲和地面連接起來……。

這一段影片是幾個小時以前，一個女孩躲在她家地下室拍到的。龍捲風從她家附近掃蕩而過，全鎮災情慘重。電視畫面不斷播出災區破碎的房舍，零亂的傢具，東倒西歪的車子，抱頭痛哭相互安慰的親友，看得我好心痛。有一個受驚嚇的倖存者哭著回憶說：「好可怕，龍捲風接近地面的時候，那怒嘯的狂風好像急駛的火車，轟隆轟隆從我頭頂經過。轉眼間，我們鄰居和附近一整排的房子全夷為平地，傢具、門板被強風吹到天上，就在那一瞬間，一切全毀了！」

夜間新聞的氣象播報員，特別分析龍捲風常發生的地點及形成的原因，他說：「龍捲風通常在陸上形成，最常見於美國中部的平原。美國每年大約受五百到七百個龍捲風吹襲，其中德州、奧克拉荷馬州、堪薩斯州、愛荷華州及伊利諾州遭破壞最多。」

龍捲風一旦接觸地面，通常會在一小時之內消失，但是也有一些持續幾小時。龍捲風到底怎樣形成，至今還不很清楚。在美國，從南邊墨西哥灣北上的溫暖潮濕氣團，遇上從北邊加拿大南下的較冷較重氣團，冷暖氣團交會時，很容易形成龍捲風。最初，在上空的一部分空氣，與流動速度差異甚大的風相遇合，發生漩渦；當漩渦增強，它的一部分向地面方向折曲，伸出像象鼻一樣形狀的漩渦，接觸地面以後，就變成龍捲風。在龍捲風內部，發生劇烈的上升氣流，所以具有強大的力量。

我曾經有過兩次差點被龍捲風掃到的經驗。有一回，我們全家到俄亥俄州玩，經過一處大平原時，突然烏雲密佈，厚黑的雲呈漏斗狀。漏斗雲是龍捲風的前兆，如果繼續接近地面，碰觸到地面就會形成龍捲風。與雲層那麼接近的感覺真可怕，幸好後來漏斗雲沒有著地，在空中逐漸散去。另外一次，是我女兒剛上大學那一年，在她就讀的伊大香檳校區，大約中午一點左右，我們送她去參加新生的選課考試，我們送她進入考試會場後，準備回旅館休息，車子才啟動不到兩分鐘，隨即狂風暴雨，天色驟暗，我們急速奔回旅館，才知道是龍捲風特報，全旅館的人都被緊急疏散到地下室。兩小時候，警報解除，我們再去接女兒回旅館時，跟她提起剛剛經歷的一段恐怖經驗，她竟然完全不知道有這回事，原來她的考試地點在地下室，學校為了讓他們專心作答，並沒有驚動他們。

住在伊利諾州，每到春季和夏初這段時間，聽見龍捲風特報就心驚膽顫。但是也學了不少基本應對的理論，例如龍捲風來襲，在家裡要儘快躲到地下室或地窖，在學校，千萬不要躲到像餐廳、體育館、大禮堂等大空間的地方。這些大的地方，天花板容易塌陷，反而更危險。躲在車子裡也很危險，龍捲風足以把整部車子拋向空中。如果在車上聽到龍捲風警報，要儘快離開車子，找一個安全的地方躲藏。

我住芝加哥市區，雖然經常有龍捲風警報，龍捲風卻很少真正著陸，有人說是因為芝加哥位於密西根湖畔，有了湖水調節，所以龍捲風都沒有形成，是否如此，就不得而知了，不過芝加哥郊區，倒是有過幾次龍捲風。

龍捲風，至今仍是一道難解的謎題，我希望有更多的科學家研究它，相信科學家一旦全盤了解龍捲風內部結構和原理以後，就可以控制，甚至在它們肆虐以前，就驅散它。

除雪過新年

下雪天，芝加哥的巷弄街景

年輕時在台灣，沒見過雪，對雪有無限嚮往，聽說合歡山下雪了，一群人浩浩蕩蕩開車上山去，到了山上，雪早已融化成水，濕濕答答，一路泥濘，但深深吸一口山中清新空氣，仍有一種被雪洗禮過的心滿意足。

剛搬到芝加哥那年，看到第一場雪時，我的內心充滿感動。坐在窗台邊，我從天色明亮，直看到那細細的銀絲飄落在昏黃的燈光下。當時，雪在我心中的印象充滿魔力，它來去無蹤，變化無窮，那麼高貴、優雅，像綿絮，又如飛沙，彷彿一層朦朧、隱密的帳幕，神祕，令人痴迷。

之後，年年下雪，雪早已從無盡詩意變成一種負擔，一聽說要下雪，我直覺的反應就是「慘了！又要除雪。」

2011年的農曆年（2月3日）其間，芝加哥更經歷一場雪災，從除夕前一天下午三點開始，到除夕當天下午三點，整整二十四個小時，雪不停的下，積雪超過二十吋，這是芝加哥史上第三大的暴風雪。猛烈暴風雪，癱瘓整個城市。許多交通事故及意外發生，班機無法起飛，火車因鐵道埋進雪堆裡，無法動彈，有人在寒風中除雪而心臟病發，有些地方斷電斷水，沒有暖氣供應。

氣象專家所說的「暴風雪」（Blizzard），是指風速超過每小時三十五英里（約五十六公里），氣溫低於華氏二十度（約攝氏零下七度），能見度連續三小時以上低於四分之一英里（四百公尺）的雪暴。如果風速達每小時四十五英里（約七十二公里），氣溫降到華氏十度（約攝氏零下十二度），能見度連續三小時為零（通常能見度在一百公尺以內，就算是零），就稱為「猛烈暴風雪」（Severe Blizzard）。芝加哥雖然經常下雪，但照這樣的標準，暴風雪在芝加哥地區其實是很少發生的。

我在芝加哥住了二十年，像這樣的猛烈暴風雪，這是第二次碰到。另一次是1999年元月2日、3日，那次的降雪量累計二十一點六吋。芝加哥史上最大的風雪發生在1967年1月，累計二十三吋積雪。歷史記錄，通常是以芝加哥歐海爾國際機場的降雪量為基準來計算。雖然同樣在芝加哥，但各地的降雪量仍有很大的差異，像我住在密西根湖畔附近，因為有湖邊效應的關係，我們這區降雪量通常比其他地區還多。

雪停以後，也顧不了還要準備年夜飯，我們即開始除雪，因為接著又有一波更冷的寒流來襲，如果不趁著雪還鬆軟的時候，趕快清出一條道路，等它結凍成冰就更麻煩。大年初一當天，雖然陽光普照，但冬日的太陽有光卻無暖意，氣溫約在華氏負四度（攝氏零下二十度左右），冒著寒風，我們還得繼續除雪。

這次雪暴，新聞鬧得最大的，不是機場變成鬼域空無一人，班機取消兩千多班，而是芝加哥最美的湖濱高速公路，因密西根湖的大浪湧上路面，造成路面結冰，以致有超過一千五百輛的車子在狂風暴雪中動彈不得。有人在車中困了九個半小時，許多人因為汽油耗盡，不得不棄車逃離。湖濱公路從2月1日晚間八點開始封路，到二日清晨四、五點，消防人員還在忙著將困在車內的人救出。拖車大隊連續三十六個小時不得休息，將一部部車子從雪中挖出，拖吊到附近好幾個停車場暫時停放。最慘的是那些棄車而去的車主，風雪停後，竟然不知要到何處去尋回自己的車子。

接下來幾天，芝加哥市政府雖出動七百多輛掃雪車日夜除雪，仍然沒有辦法將市區主要的道路清理乾淨，家家戶戶門前的積雪，都堆得像座小山丘。

平日，芝加哥的街道只要有車位，任何人都可以停車。但在大雪天，卻會出現很有趣的現象，大家都非常有默契的佔據自家門前的位置。擺一盆枯萎的花，放一個垃圾筒，或者拉一張壞了的椅子放在一旁，用以召示地盤。

這種公然破壞市容的景象，警察平時一定馬上開罰單。但是在冷颼颼的寒風中，鏟雪是極辛苦的工作。清除一個停車位，要花老半天的時間，好不容易理出來的一小塊位置，怎能隨意讓別人坐享其成呢？兒子當警察的鄰居輕聲告訴我，佔車位是芝加哥暴風雪天的老傳統，警察不會在這個時候那麼無情的取締。

用一盆花真能占住一個車位嗎？只要用手輕輕一移，一輛車很容易就停進去了。幸好，這畢竟是一個有禮有情的社會，大家都能體諒剷雪人的辛苦。法律有它的尊嚴，也能合乎人情因應變通。佔據車位雖然是很不守法的行為，但是在大雪天，這樣狼狽的街景，卻又反映出人與人之間，那種說不出的溫馨與體貼。

雖然雪的破壞力強大，但我總覺得它還是所有天災中最優雅的。雪不像地震，瞬間震得屋殘瓦敗，人心惶惶，它也不像颱風，來襲時帶來狂風豪雨，掀起驚濤駭浪。即便稱它是「猛烈暴風雪」，它降下時，也不帶怒氣，除了偶爾的強風外，仍是輕飄飄、軟綿綿，讓人一點都察覺不出它的威力。

除夕當天，風雪未停時，我手捧綠茶坐在窗邊賞雪，看它慢慢堆積，望向窗外一片銀白世界，心想，神話中最美麗的詩篇，也不過如此呀！我並沒有去揣想它會帶來的災禍，直到要出去掃雪那一刻，後門打不開，才知道大難已臨頭。

我家的車庫在後面，但後門已被積雪堵住，根本沒辦法出去。還好側門是向內開，沒被封住，我們只得從側門往車庫方向挖，要從深及大腿的雪中，開出一條路，真要費九牛二虎之力。更離譜的是，當車庫的鐵門打開時，迎面而來的是一道雪牆，路全被封死了，只得全家總動員，非常辛苦的挖出一條車道，至少，讓一部車子可以開出，使我們不會坐困家中。

吃年夜飯時，我開始感覺腰酸背痛，年菜中臨時加了一道「生薑煮紅糖」以祛寒，天寒地凍中與雪奮戰，也算是生活在芝加哥，一種非常獨特的過年體驗吧！

費了九牛二虎之力，終於開出一條道路，至少讓一部車子可以開出

註：在美國長度、距離以英里計，氣溫以華氏計。
在台灣長度、距離以公里計，氣溫以攝氏計。

野鳥情深

窗檻上築巢的一對鴿子

每年，總會有數十億隻的知更鳥，從墨西哥灣移棲，一齊擁上密西西比，像一波波的海潮，飛向牠們祖先孵育幼雛的老地方。尾隨著春天的腳步，當知更鳥落腳到芝加哥時，也經常來到我家庭院，帶來啁啾鳥鳴。

2010年5月，有一對知更鳥在我家後陽台底下的樑柱築巢，生了四隻小寶寶。2011年4月26日，牠們又回到同一個位置築巢。為了觀察鳥類的生態，我做了簡要的筆記。27日巢的外型已築好，開始內部裝璜。5月2日母鳥下第一個蛋，直到4日中午共有三個蛋在巢中。知更鳥蛋，比鴿子的蛋小一點，像藍色的寶石，光豔照人。

蛋下齊後，母鳥才開始孵卵，經過12天，5月16日中午，我去探看時，已有兩隻小鳥孵出，另一隻正在破殼而出。剛孵出的雛鳥，全身光禿，其醜無比。小鳥長得很快，不到幾天，毛就長齊了。小鳥孵出後，兩隻成鳥整日輪流守衛與覓食，我稍微靠近鳥巢，牠們就大聲叫，飛過來攻擊我，滿凶悍的。成鳥日日忙進忙出，嘴裡叼回來的小蟲，似乎永遠滿足不了嗷嗷待哺的幼雛。

5月30日，一大早，小鳥陸續離巢，七點半左右，只剩一隻還站在巢邊，我看牠拍拍翅膀，跌跌撞撞就跳到地上了。當母鳥叼著小蟲回到巢邊時，早已鳥去巢空，母鳥站在陽台上哀哀叫幾聲，小鳥依舊蹲在地上，一點都不理會鳥媽媽的呼喊。小鳥一旦離巢，就不會再回巢了。2010年，我注意到小鳥離巢後，成鳥還在旁邊守著，有兩、三天的時間，都能看到牠們在我家後院的大樹上飛來飛去。這次小鳥一離巢，就全部飛走了，一點都不留戀牠們出生的家園。我一直沒看小鳥學飛，知更鳥，好像天生就有飛翔的本事。

看著母鳥嘴裡叼著小蟲回到家，卻找不到牠的寶貝們，儘管母鳥聲聲呼喚，也喚不回離巢的小鳥，這情景，讓我有一股莫名的感傷，也讓我想起許多年前一對深情的野鴿。

那是1992年8月，我們剛搬進一棟約有百年歷史的老屋，隨著我們搬進那棟古老別墅的是一對鴿子。這對鴿子，每到傍晚，就在我們臥室的窗口徘徊。8月的天氣還算暖和，牠們晚上才會寄宿於此。有一天，當我驚覺到滿樹的黃葉漸漸掉落，才發現鴿子正銜著落下的枝葉，開始在築巢。

芝加哥的氣候是無情的，大半年的冬季，就是經常窩在暖氣房的人們也覺得受不了。11月，當鴿子的巢築好時，窗外的大雪已經零零落落下了好幾場。我原先以為鴿子築巢，只是要避嚴寒的冬雪，沒料到，母鴿竟下了三顆蛋在巢中。我並不知道鴿子在冬天也會孵小鴿，既然當起我們的鄰居，又在這麼酷寒的雪天孵卵，因此，我偶爾會在窗口，撒一些玉米，讓牠們過來吃。這對鴿子不怕生，我一打開窗戶，牠們就會輕拍翅膀飛過來。

小鴿子孵出當天，正巧碰上一場大風雪，整個鳥窩被染成銀白，當我看見時，小鴿已奄奄一息。鴿子的生命本不該如此短暫，卻叫無情的大雪給剝奪了。當兩隻大鴿發現小鴿子已經凍死，傷心的守在小鴿旁。母鴿似乎不肯承認小鴿已死，又坐回巢中，繼續溫暖死去的小鴿。雄鴿呆呆站立一旁，動也不動。這樣過了一個上午，母鴿不得不承認小鴿已經死去，只得退出巢中。但母鴿不時的向巢中探望，試圖欲喚回些什麼，雄鴿沮喪的站在巢旁，不忍離去。兩隻鴿子就這樣站在巢旁，偶而飛到樓上的陽台，也仍一直站著，守著死去的小鴿。我將玉米丟在窗口旁，牠們也不過來，不吃不喝，整整站了三、四天，徘徊在小鴿旁。最後，牠們將巢慢慢拆掉，我沒看到小鴿被移到什麼地方，猜想可能連巢被踢到地上，我刻意出去尋找，但沒有找到。

曾經在電視上看到一段影片，母猩猩生下小猩猩後，小猩猩已經死去，但是母猩猩仍將小猩猩抱在懷中好幾天，親了又親，不忍丟棄，暗自傷神掉淚。猩猩算是比較高等的動物，有些行為已經接近人類，情感上的表達與流露，讓我們不致感到太意外。鴿子看似不起眼的小動物，原來對生命也如此執著。

鴿巢毀了以後，兩隻鴿子白天又覓食去了，每到傍晚，才飛回這一塊牠們的傷心地。直到隔年2月中旬，牠們又開始銜樹枝，築新巢，恢復往日的神氣，母鴿又下了兩顆蛋。我雖欣喜又有新的生命即將誕生，但也擔心孵出的小鴿能否受得住冰冷的風雪，因為即使到4月，芝加哥也還有下雪的可能。3月，小鴿孵出來時，雖仍碰上風雪，在兩隻大鴿刻意的保護下，新的生命開始成長。我看到大鴿餵小鴿的情景，也注意到隨時有一隻大鴿坐在巢中給小鴿溫暖，小鴿的羽毛漸漸豐潤，由濕答答變成毛絨絨。

知更鳥是移棲的候鳥，鴿子是本地的留鳥，牠們在不同的季節，不同的時刻來到我家築巢，讓我有幸看到牠們孵育幼雛的過程。幾隻

上左：一群嗷嗷待哺的小知更鳥
上右：小鳥食量驚人，兩隻成鳥輪流覓食，
還是餵不飽快速成長的寶貝
下：最後一隻小知更鳥離巢

微不足道的野鳥，卻都曾經觸動我的心，讓我關懷與感傷，讓我從牠們的行為中，體驗親情的流露與生命的可貴。

浪跡異鄉的綠鸚鵡

綠鸚鵡專注享用大餐，輕輕地用腳將果實送入口中

某日清晨，我聽到吱吱喳喳的鳥鳴，既聒噪又清脆，音色特殊。常到我家對面公園遊蕩的鳥，海鷗、紅衣主教、知更鳥、斑鳩、山雀，我都叫得出名字，對牠們的聲音也很熟悉。當我正思索著這是什麼鳥時，外子興奮的要我靜下來聽一聽。他說，這聲音他非常熟悉，那是綠鸚鵡，校園內，一年四季都有牠們的蹤影。

外子以前服務的芝加哥州立大學，位於芝加哥城南，校園環繞在林中。從他的辦公室，放眼望去，就是青綠一片。他常告訴我，綠鸚鵡總是成群在林中飛舞，或到草地覓食。他工作累了，頭一抬，望向窗外，就有野鳥可賞。

他總是繪聲繪影談這些鸚鵡，我卻從來沒有想進一步了解牠們，直到那天，聽到嘈雜奇特的叫聲。

已是秋末，公園的葉片落盡了，獨留滿樹的紅果實，一群綠鸚鵡停駐枝頭，細細品味肉實多汁的果子。牠們專注享用大餐，輕輕地用腳將果實送入口中，無視站在樹下的我。外子說學校在擴建，校園的樹被砍掉許多，也許少了棲息地，少了大樹的庇蔭，鸚鵡往北飛，才會來到這個公園覓食。

我的鄰居喜歡寵物，冬天，庭院總是掛滿鳥屋，讓野鳥在寒冷的天候中，有食物可飽食。老先生在芝加哥住了七、八十年，對於芝加哥一景一物，瞭若指掌。他看我專注賞鳥，彷如找到知音，許多故事，就由他口中源源道來。他告訴我這種鳥叫「Monk Parakeet」，來自南美洲，並不是芝加哥土生土長的鳥類。

1970年代，芝加哥發生一件有趣的事。一批進口的寵物鳥，從芝加哥國際機場逃離。老先生說，當年，報紙都登了這則新聞。他相信如今芝加哥市內及郊區的野生綠鸚鵡，都是當年這批落難鳥的後代。這群鳥從機場向東南飛，飛到密西根湖畔又折返，落腳在芝加哥科學與工業博物館旁邊的海德公園。

體型如斑鳩大的綠鸚鵡，色澤鮮明，叫聲宏亮，深受當地居民喜愛。附近居民還成立「共賞鸚鵡俱樂部」，刻意保護牠們。沒有人為的騷擾，鳥兒開始在海德公園築巢。

綠鸚鵡是群居的鳥類，銜樹枝築巢。牠們的巢相當獨特，類似蜂巢，有隔間，有不同的出入口，巢雖共有，每一對鳥，卻各有獨自的生活空間。好像人類住在同一棟大樓，卻各立門戶。當老巢大到不能負荷時，幼鳥才會分巢，另覓新居。有專家認為，鸚鵡的自然棲息地，在熱帶雨林裡，芝加哥冬季酷寒，這些鸚鵡在戶外竟能存活，就是因為牠們居住的共有巢，有群聚取暖的功能。

幾年前，某個夏日午後，芝加哥下了一場暴風雨，無情的閃電，擊倒海德公園一棵大樹，這棵樹，正是綠鸚鵡的老巢。那個大巢，聽說住了五百多對綠鸚鵡。家毀於一旦，鸚鵡只得四處流散。

天災難測，浪跡到芝加哥的綠鸚鵡，也差點因人為因素，命喪黃泉。

1988年，美國農業部門曾擬定一項計畫，想要撲殺這些外來鳥。

一群綠鸚鵡停駐枝頭，細細品味肉實多汁的果子

官員們擔心這些鸚鵡，將會肆無忌憚，大量吃食附近的農作物及果實，造成生態不均衡。這種說法，引起公怒。鳥迷們硬是不相信，區區幾隻鳥，能吃掉伊利諾州多少農作物？分明就是政府官僚作風，因而群起攻之。此事在當年，鬧得沸沸揚揚，這項計劃終究胎死腹中。

外來鸚鵡是否真的會對伊利諾州的生態造成威脅，需要專家長時間的研究與評估，否則很難定論。但據我每日觀察，綠鸚鵡的食量的確驚人。牠們早晚各來公園一趟，一群總有二十來隻左右。短短兩個星期，就把公園內，靠近我家那幾棵樹的果實，吃得精光。以前，雪花飄落，有紅果點綴，就算天寒，也覺得挺有詩意。現在，公園成了鸚鵡餐廳，枝頭少了紅果，寒風吹襲，枯枝搖曳，整個冬季，就顯得蒼涼了。

原本應在雨林快樂飛翔的鸚鵡，流落他鄉，也是一種悲涼。只因牠們長相討喜，就被人們當寵物販賣。鳥兒為爭自由，千辛萬苦逃離機場，築巢，繁衍後代，竟把他鄉當故鄉，其命運，可悲可憫呀！也不過是為了裹腹，人們怎能忍心責怪牠們吃相的貪婪？

我像眾多鳥迷，愛極了這群鸚鵡。每回聽到吱吱的叫聲，總是迫不及待，出去欣賞。鸚鵡來訪，為繽紛秋色，再添一景。左鄰右舍，也因賞鳥相聚在樹下，有了共同話題。賞心悅目的綠鸚鵡，除了貪嘴，對社會並不造成傷害。與其全面撲殺，不如教導民眾，更深入了解牠們的習性。

呼叫鶴的呼喚——到威斯康辛看鶴

灰冠鶴是非洲最著名的鶴類，以其頭頂美麗的冠羽最為人樂道，灰冠鶴分布在中非和東非，近來數量也逐年遞減

2001年10月底，芝加哥附近出現一群奇特的飛行隊伍。這支隊伍，由一部超輕型飛機領隊，帶領一群姿態優雅的呼叫鶴（Whooping crane），在天空呈人字型排開，牠們從威斯康辛州中部的Necedah野生動物保留區出發，路過芝加哥，目的地是佛羅里達中西部海岸的Chassahowitzka野生動物保留區。全程1218英里。這群呼叫鶴經由人工孵育，再進行野地訓練，由輕型機帶領牠們移棲，最後將野放回大自然。

這支隊伍，引起我的好奇，為什麼要這麼大費周章來訓練鶴的飛行呢？我不斷追蹤牠們的行程，也開始對鶴的生態及移棲行為產生興趣。

後來我才知道在北美洲的鶴類只有沙丘鶴及呼叫鶴兩種。其中呼叫鶴更是瀕臨絕種。呼叫鶴原本在美洲大草原有大量族群，因為美國開發大西部，加上獵殺，族群逐漸衰微，根據專家統計，1860年，約有一千四百隻左右，至1940年，竟只剩下十五隻在德州過冬。經過人為保育，這群野生鶴逐年增加，到2003年，已有一百八十四隻。除了保育野生鶴，科學家也採取人工繁殖，再進行野放的方式，來擴大呼叫鶴的數量。目前，靠人工繁殖的呼叫鶴，約有兩百多隻，加上野生的，總共也才不到五百隻。

為了帶領人工繁殖的呼叫鶴在寒冬來臨時移棲，科學家利用超輕型飛機訓練牠們飛行。

護送鶴群移棲的策劃工作，從1994年就已經開始，直到2001年，科學家才展開這項實驗性質的飛行。第一年，帶了七隻鶴南下，第二年帶領十六隻鶴飛行，至今成果豐碩。護送的輕型飛機有四部，工作包括輪流領隊、探測風向、觀察降落地點等。

孵育幼雛，在馬里蘭州的Patuxent野生動物研究中心進行。飛行計劃，從4月、5月鶴還在卵中孵育時就已開始。

鶴是屬於早成性的鳥類，還在蛋裡面時，就會在殼裡細聲的叫，因此，孵育期的最後十天，科學家就在周遭播放輕型飛機的噪音以及母鶴的叫聲，讓牠們熟悉聲音頻律。小鶴長到兩星期左右，飛行員即漸漸接觸小鶴，拿些小鶴玩偶逗牠們玩，同時在飛機附近放些假鶴，吸引小鶴親近這個大怪物。為了避免鶴太依賴人，而失去野外求生的本能，科學家只讓飛行員和餵養者靠近。人與鶴接觸時，也必需裝扮成鶴，全身以白布緊密包裹，連臉孔都不能露出。

鶴長到四十至六十天左右，就被送到威斯康辛州中部的Necedah野生動物保留區，進行野地訓練，在這邊，牠們要學會在濕地覓食、展翅高飛等各項技能。

秋末冬初，呼叫鶴開始南下的旅程，由Necedah保留區出發，目的地是佛羅里達中西部海岸的Chassahowitzka野生動物保留區，這是一段漫長的路途，途經伊利諾、印地安那、肯達基、田納西、喬治亞幾個大州。

狀態良好的情況下，一天可以飛行一百五十公里。飛行的速度，往往和鶴的體力、天氣好壞以及風向有關，有時牠們一天只飛三十公里就得停下休息，有時風把隊伍吹散了，飛行員還得費點功夫把牠們找回來（每隻鶴都帶有追蹤器）。這些嬌貴的鶴一落地，工作人員就得急忙把牠們聚集在一塊，用臨時籬笆圍起，以免半夜被野生動物吃掉。第一年飛抵佛羅里達的七隻鶴中，就有兩隻被山貓（Bobcat）吃了，讓工作人員不得不特別顧慮這些意外事故。

科學家原先期望鶴群經過三年的飛行訓練，就不再依賴飛機護送，而能自行認路。這項飛行實驗的結果，比科學家預期的還好。2003年4月，二十一隻呼叫鶴已能自行整隊，從佛羅里達往北飛，牠們花了一個月的時間，沿著老路返鄉，回到威斯康辛Necedah老家，沒有飛機護送，憑著真本領回到故鄉。

這幾年，每年秋天，我都會約朋友一起到印地安那州Medaryville鎮的野生動物保留區看成千上萬的沙丘鶴移棲，但我從來沒見過呼叫鶴。為了一睹呼叫鶴的丰采，我於2011年八月間來到位於威斯康辛州Baraboo的「國際鶴類基金會」總會（International Crane foundation簡稱ICF）參觀。

ICF是一個非盈利的民間自然保護組織，其宗旨是致力挽救世界各地的鶴類及其棲息環境。用人工繁殖呼叫鶴，並用輕型飛機帶領牠們移棲，就是ICF在眾多鶴類的保育工作中，其中一項了不起的成就。

ICF於1973年由兩位康乃爾大學的博士生Ron Sauey和George Archibald所創建，他們在進行鶴類研究和撰寫博士論文時，深感許多鶴類瀕臨絕種，決心創建一個從事鶴類研究和保護的基金會，並得到Ron的父母全力支持，將位於威斯康辛Baraboo的一個養馬場以每年一美元的價格租給他們，改建成鶴類養殖中心，並在這裡創建國際鶴類基金會。

1979年，ICF在Baraboo購買了自己的土地，把總部遷移到目前這個佔地225英畝的地方，陸續建了辦公大樓、圖書館、遊客中心、教育中心、鶴類展覽中心，以及一個擁有兩百多隻鶴的大型飼養場。ICF並與世界各地，約四十個國家的自然保育研究人員與科學家合作，直接參與當地保護鶴類的野外工作，以及濕地的保育，生態生境的維護等等。這些有利於鶴生長、活動的環境，也同時保護了其他的野生動物。

在三十八種已知的鶴類中，目前只有灰冠鶴、黑冠鶴、藍鶴、肉垂鶴、簑羽鶴、西伯利亞鶴、薩勒斯鶴、澳洲鶴、白頸背鶴、歐亞鶴、冠頂鶴、黑頸鶴、丹頂鶴、沙丘鶴、呼叫鶴十五種得以存留。目前全世界也只有ICF這個地方，可以讓我們同時看到這十五種鶴。遊客入園參觀，解說員會做約兩個小時的詳細導覽，展覽中心的牆上並有圖片說明，讓大家認識每一種鶴的棲息地，分布地點及移棲路線，園內還播放影片，介紹鶴的習性、成長、繁殖以及ICF在世界各地的工作等，非常有趣。經解說員導覽，我才知道中國大陸有八種鶴，是鶴類分布最多的地方，而某些鶴類，隨著季節遷徙，跨州飛越，在好幾個國家都能見得到。

呼叫鶴可以長到五呎高，是北美長得最高的鳥類，因叫聲低沉，而得名。成鳥羽色全白，非常漂亮。這些年，我一直關心鶴類的生態保育，也渴望能有機會看到呼叫鶴，但由於數量太少，很難在野地看到。在ICF展示中心的呼叫鶴，雖是人工繁殖的，我能親眼目睹牠們的丰采，也算是不需此行了。

註：

科學家將呼叫鶴分為兩大族群，在德州過冬的一群是野生鶴，在佛羅里達過冬的為人工繁殖的一群。

2003年2月初在佛羅里達有一場致命的龍捲風，造成約二十人死亡。人受害，連鳥也不能倖免。我在「芝加哥論壇報」看到一則新聞，當時由威斯康辛州用輕型飛機帶領，飛到佛羅里達的十八隻呼叫鶴，也在這場天災，確定死了十七隻，剩下那一隻，科學家還在尋找。後來我就不知道那一隻的下落如何？天災難測，能不悵然！

左：展覽中心的牆上有圖片說明，讓大家認識每一種鶴的棲息地，分布地點及移棲路線
右上：呼叫鶴可以長到五呎高，是北美長得最高的鳥類，因叫聲低沉，而得名
右下：呼叫鶴成鳥羽色全白，因數量極少，很難在野地看到。在ICF展示中心的呼叫鶴，是人工繁殖的

Crane

野地的沙丘鶴

只要知道沙丘鶴的移棲路線，不難在曠野中見到牠們的身影

鳥類的移棲，始終是自然界中一個令人百思不得其解的謎，牠們靠什麼來決定航向？北極星？太陽？地磁？沒有人確切知道。

我們可以確知的是，秋風吹起，鳥類就知道要飛向溫暖的地方過冬。

11月中旬，我在「芝加哥論壇報」讀到一篇鶴群移棲的報導，我的心立刻驛動不已。在芝加哥住了那麼多年，每天面對的，不是林立的摩天高樓，就是川梭不息的車流。日出、日落習以為常，對於美的感覺，幾乎麻木不仁。看完文章，我走到室外，深深吸了一口氣，仰望天空，一群加拿大野雁正從天邊掠過。立刻，耳邊又響起一陣吱吱咂咂的鳥鳴，一大群綠色的野生鸚鵡，就停在我家對面的小蘋果樹上，享受美食。那一瞬間，的確觸動了我。大自然就在周遭，就在眼前，我竟全然不知，一股莫名的欣喜與失落感油然而生。我決定要親眼去見識一下群鶴移棲的場面。

賞鶴地點在印地安那州的Medaryville鎮，距離芝加哥約兩個小時的車程。當地有一處野生動物保留區（Jasper-Pulaski Fish and Wildlife Area），這個區域正是鶴群移棲的中途休息站。

鶴科的鳥類分布範圍極廣，除了南美洲及極地外，世界各地都可以見到牠們的蹤影。鶴曾有一度非常繁盛，後來隨著棲息地的減少，加上人為獵殺，逐漸衰微。在三十八種已知的鶴類中，目前只有十五種得以存留於世。在寒帶和溫帶繁殖的種類，通常到秋天便向南移棲。

棲息在北美洲的鶴類，只有呼叫鶴（Whooping Crane）及沙丘鶴兩種，呼叫鶴數量極少，很難在野地看到，但沙丘鶴，只要知道牠們的移棲路線，就很容易一飽眼福。

每年9月底10月初，成群結隊的沙丘鶴（Sandhill Crane）即陸陸續續來到印地安那這個野生動物保留區。牠們的伏窩地在密西根、威斯康辛、明尼蘇達，以及加拿大南部地區。11月中旬到12月初，是高峰期，也是賞鶴的最佳時機，能夠見到兩萬多隻鶴。鶴群在此渡過漫長秋季及初冬，天氣更寒時，即飛往氣候溫暖的喬治亞州及佛羅里達州。

感恩節前夕，女兒回家過節，老公也忙完了學校的雜事。午後，一家三口面面相覷，我遂建議與其呆坐家中，不如出外賞鶴。

出門時，氣溫約在攝式零下二、三度左右，我們估計原野會更冷，禦寒的衣物全帶齊了。到達目的地，已經三點半，天色不再明朗。保護區內，僅有一間小小的辦公室，建築並不明顯，裡面展示一些動、植物標本，介紹保留區內的生態。辦公室內有兩、三位公園管理員，正在受理獵人申請獵鹿及獵野雁的執照，以及釣魚執照。

有一個管理員得知我們特地來看鶴，興奮的和我們聊起來。他在這邊扮演數鶴人的角色已經二十二年，年年與鶴為伍，越數越有勁。他告訴我們，他每星期做一次統計，據他估算，入秋以來，已經有超過一萬六千隻的沙丘鶴路過此地，就在幾天前，他還看到一隻白色的呼叫鶴（Wooping crane）呢！他說，9月底10月初，雖然還不到鶴群集聚的高峰期，總也能見到五千至一萬隻的鶴在原野。保護區內規畫許多人行步道，此時秋高氣爽，到得早，還可以到森林逛一逛，傍晚再回到瞭望台看鶴群歸來，既不用擔心天寒地凍，又可以健行，觀賞林中黃、綠、澄、紅色澤多變的樹葉。11月以後，可以看到更多的鶴，但天黑得早，林中枯枝敗葉飄零，略顯荒涼，然嚴冬賞鶴別具風味，只要帶齊禦寒的衣物，與鶴群並立在冰寒徹骨的風中，也是一種挑戰與享受。

他提醒我們，印地安那是東部時間，跟芝加哥有一個小時的時差。秋冬季節，每天日落時分相差很大，有時六點還見得到陽光，有時，四點就天黑了。賞鶴，要在太陽下山前一個小時左右到達最好，去得太早，什麼都看不到，去得太晚，又會錯過整片天空佈滿遨翔野鶴的美景。因此出發前，最好打個電話詢問當地的日落時間。

管理員邀我們春天鶴群返鄉時再來。他說，2月到4月間，是鶴的求偶季節，到時，整片原野隨時可以見到結成伴侶的雌鶴與雄鶴在春風中起舞。他形容鶴的舞姿曼妙，腳步輕盈，昂首、交頸、展翅、跳躍，比舞台上的芭蕾舞伶還輕巧。他還頗引以為傲地說，只要遠遠聽到鶴的叫聲，他就能分辨出那是求偶聲或是搶地盤的爭戰聲。他告訴我們，沙丘鶴長到三、四歲時，開始求偶，一旦結為夫妻，便形影不離，終身相隨。初夏，母鶴產卵，通常一窩生兩個蛋，孵卵的工作，由雌、雄鶴輪流擔任，但一般只養育成功一隻幼鶴。幼鶴跟隨

已經飛到佛羅里達的沙丘鶴，與牛漫步在田野

父母八至十個月，直到來年春天，親鶴重築新巢，幼鶴才被迫離開而獨立。

沙丘鶴從Medaryville飛到佛羅里達還有四天的行程，之前，牠們從加拿大等地南下，已經耗盡了大半的體力，因此，需要在這個保護區內停留，養精蓄銳。白天，牠們群聚在附近的麥田、玉米田，檢食農家秋收後的殘穀，或吃些野地的昆蟲。傍晚，鶴群就會飛回保護區的沼澤地過夜。因此，賞鶴還得挑個特定時間，只有在傍晚或清晨，才能在保護區內見到牠們的蹤影。

沙丘鶴非常敏感，為了避免牠們受到驚嚇，保護區設有瞭望台，台上並架立多部望遠鏡。遊客只能站在瞭望台上觀賞鶴群，但是可以透過望遠鏡頭，細看鶴飛翔及降落的美妙姿態。

四點半左右，天色漸暗，我們爬上瞭望台，開始等待。果真沒過幾分鐘，就有一群野鶴飛來，接著，十隻、二十隻、上百隻、上千隻，頓時，整片天空全佈滿了遨翔的野鶴，有些鶴群一字排開，有些鶴群呈人狀排列。鶴在飛時，長長的脖子往前伸出，拍翅的動作緩慢而有力，優雅極了。當鶴群從天而降時，野鹿也成群結隊從林中奔出，沒入鶴群中。此時，隨著西沉的夕陽，天色也起了微妙的變化，

夜幕低垂，曠野中，野鶴陸續飛回保留區，準備渡過漫漫長夜

先是燦爛的金黃映照枯林，接著是柔美的粉色灑向平野，一片薄雲飄過，似又射出紫光。

鶴群降落時，翅膀輕拍，細腿輕揚，濺起陣陣水花，平靜的沼澤，頓時熱鬧起來，叫聲低沉的鶴鳴，彷如序曲，為靜寂的原野拉開夜幕。

鶴越聚越多，沼澤的空間相對變得狹窄，我估算一下，約有上萬隻，壯觀極了。牠們將在這裡休息一陣，之後，重新組隊，再出發。

不到五點半，皎潔的明月已經昇起，野地雖荒寒，一場繽紛的夜戲才正要上演！鶴與鶴之間，交頭接耳，互訴衷曲。那深沉的嗓音，正唱著：「愈夜愈美麗！愈夜愈美麗！」

海鷗

草地上的海鷗

我家門前，有一座小公園，天氣暖和的時候，成群的孩子在公園內打球。寒冷的天，孩子們都躲到室內吹暖氣了，湖邊的海鷗，就會如旅行者般，張開牠們的翅膀，繞道過來霸佔這塊地盤。

冷天，我不願意出門，就坐在窗前看海鷗。

海鷗總是成群結隊的來，優雅自在的飛翔，把天空染得一片白，盤旋又盤旋，在空中低聲吟唱，然後如芭蕾舞伶般輕巔著腳尖，收起翅膀。整群海鷗落地以後，就一隻一隻緊密的站在一起，最妙的是會很有默契的將頭轉向同一個方向。

海鷗沉穩的站在地面，安安靜靜。偶而低頭啄食地裡的蚯蚓，像一個作客的紳士，溫文有禮，慢慢將捕獲的美食吞下。冷天的海鷗有一股冷冷的傲氣，有如愛沉思的哲人。

夏天傍晚，我也常到密西根湖畔看海鷗。風輕柔的吹，海鷗順著風向，在藍藍的湖上飛，低頭專注，看著湖裡的魚，尋得目標以後，就俐落俯衝而下，快速捕捉獵物。有些海鷗懶得到湖面覓食，整群落在綠綠的草地上，搶食遊客掉落地面的麵包屑，爭先恐後，像一群沒教養的野鳥。夏夜的海鷗，眼神貪婪，行動魯莽、暴躁、不安，在夕陽西沉的黃昏，似乎忘了自身的潔白。

為什麼海鷗在寒冷的天像沉思的哲人，在微風吹拂的夏夜卻像個齷齪的小人？鳥的世界誰能理解呢？形露於外的百態，也不過是為了求生存罷了！

坐在窗前，凝視這群寧靜無聲、緊密依偎的海鷗，我的心情時而平緩如清泉，時而激盪如暴雨，思緒起起落落。畫面雖然美，卻也給人一種淒寒寂寞的聯想。鳥沉默，我無語，竟覺得有點冷呢！

住在酷寒的芝加哥，冬天是很寂寞的。

枯枝、白雪、灰濛濛的天空，極目所望的世界，就是如此單一的色調。

天剛亮，我推開窗帘，又是一片紛紛飛飛的雪⋯⋯。我將視線慢慢移向公園，就在那一瞬間，我看到一顆顆小白點，抖立在一片茫茫的雪地上，我聽到風在低語。

靜默佇立在雪地上的小海鷗呀！你們可也聽到了風的呢喃？

野生動物在自然界中求生存，原來如此艱辛呀！小海鷗，你們在雪地上是否已經站了一整夜？

我心中懸疑了好幾個問號，卻升起一陣心酸的同情。

看著整群站著不動的海鷗，我記起以前看過一本書，寫野生動物在寒冷天候的求生秘訣就是「少活動、多省力」。

我決定出外看看牠們，也和海鷗一起站在雪地上，體驗一下雪地佇立的滋味。

海鷗呆呆站，我也呆呆站。

冷風從我的面龐鑽進脖子，又吹進我的胸前，我拿著相機的手，不停的抖動，漸漸就失去知覺，我想要按下快門，雙手竟笨拙得無法觸動。看看身旁的海鷗，依然如沉思的哲人佇立雪地。

何不與牠們一起玩耍？

成群立在岸邊的海鷗

於是，我向前奔馳，海鷗就群群飛起，一會兒佇立，一會兒奔馳，我和海鷗在雪地上玩起了追逐的遊戲。

翱翔的海鷗發出嘎嘎的鳴聲，劃破靜寂的天空，太陽好像自我心中緩緩昇起，我胸前漸漸醞釀出一股暖意。

那一剎那，我突然覺得大地不再是單一的色調，它融合著五顏六色的繽紛，海鷗飛處儘管白雪紛飛，卻燃點著生命的氣息。

冬天雖寂寞，一個寂寞的清晨，卻有一種全新的體會。生活雖然不容易，只要去追尋，就能找到其中的樂趣。

芝加哥中國城——記南華埠一百年

中國涼亭

芝加哥有華人的蹤跡是1870年代以後的事。在那之前，華人主要聚居在美國的西海岸如加州、奧立崗州及華盛頓州等地，大多從事修築鐵路的工作。1860年代的經濟大蕭條使許多美國人失業，勤奮但屬於少數族群的華人自然而然地成為搶飯碗的替罪羔羊，在洛杉磯和舊金山等大城市，反華人的暴動時有所聞，而一些新訂的歧視華人的法律，比如華人不能在法庭上對白人作不利的證詞等，更間接地鼓勵了對華人的暴力行為。

在這種背景下，比較有冒險精神的年輕華人開始向東移動謀求發展。根據記載，最先在芝加哥落腳的是一位名叫梅宗周的廣東台山人，時間是1878年。他發現芝加哥的人比西岸的人來得和善包容，便寫信告訴他在舊金山的親友們，鼓勵他們前來創業定居，並將他的兄弟梅宗凱、梅宗瑀從台山接來。一年之內，便有八十多個人來到芝加哥。當時他們從事的行業幾乎都是開洗衣店或餐館。至1890年，約有六百華人居於南克拉克街（S. Clark St.）和范布倫街（Van Buren）一帶的中國城，其中有四十多人為梅宗周的同村本家。到1900年，華人經營的洗衣店達430家之多，餐館也有160多家。早期的中國城可說是由洗衣店、餐館、雜貨店，與同鄉會構成。

克拉克街所在的市中心，有愛爾蘭人經營的酒吧與賭場，有意大利人開設的飯店與雜貨店。加上華人，可謂龍蛇雜處。

位於南克拉克街323號的興隆記為梅氏三兄弟所經營，專做零售批發南北乾貨、日用雜貨、綢緞、茶葉藥材、傢俱古玩等生意，是芝加哥早期華人商業與社交活動的中心。興隆記還兼作銀行，俱樂部，與旅館。梅氏本家與顧客，常將積蓄存入店中，獲取一些利息。週末與年節假日，興隆記是華人消遣娛樂的去處。店舖後邊設有牌桌，煙榻，供華人打牌賭博，吸食鴉片或水煙。興隆記樓上的房間，租給房客，或招待短期遊客。

興隆記於1912年搬遷到永活街（Wentworth St.）2243號，許多華人也跟著興隆記由克拉克街往南遷移，芝加哥的南華埠因而逐具規模。1912年，芝加哥已有將近二千名中國人，南遷的主要原因有二，一為市中心土地昂貴，居住或做生意的空間狹小，另一方面是因為當時的安良、協勝兩個工商會的衝突日增，開闢新華埠便是由「安良工商會」發起，因此形成「兩堂兩華埠」的局面。

永活街就是現在的中國城主街。2012年，芝加哥華人舉辦各項活動，熱烈慶祝中國城建成一百週年，其實華人早在1878年就已經來到芝加哥，只是從1912年才大規模地搬遷到現在的中國城。

閒逛中國城，可以看到宗親會的會所到處林立。由於1882年的排華法案，在隨後的六十多年，美國華人社團都是男多女少，並以單身漢為主，只有少數幸運兒有家室陪伴。同姓、同宗或者同鄉的移民很自然會走在一塊，互相照應，成立會館。在眾多的宗親會中，梅氏公所擁有最多的會員。自1920年以來，芝加哥梅氏便居全美梅氏宗親總會領導地位，當年，由梅宗周控制的「安良工商會」儼然是芝加哥中國城的「市政府」，自治管理華人的內部事務與糾紛。梅宗周與其長子福蘭克先後被稱為中國城的「市長」。福蘭克1937年9月17日去世，葬禮聲勢浩大，由警車開路，數千人送行，被稱為芝加哥「最大的葬禮」。

從安良大樓到培德中心

「安良工商大樓」是中國城內，最早建成的一棟具有傳統中國文化色彩的建築。位於永活街和舍麥路（Cermak Rd.）的路口，建於1926-1928年間，由「安良工商會」聘請美國建築公司Michaelsen and Rognstad 設計興建。在構思期間，該公司參考許多中國歷史建築物的書籍為藍本。1926年工程計劃公開宣佈時，被芝加哥媒體評為「華人在美國建造出另一座最昂貴及精心設計的建築物」，1928年落成後，它就成為中國城的地標。美國人至今仍稱這棟屋宇為「中國城市政府」（Chinatown city hall）。

「安良工商會」曾開設兒童中文班，提供新移民服務，舉辦活動和慶祝會，並設立了一個非正式的司法系統，以解決會員之間的爭端。但這棟大樓於1988年被聯邦調查局（FBI）以幫派聚眾等理由查封，此案涉及華商幫派槍殺、敲詐、非法賭博，及芝加哥政府官員受賄等諸多內容。據說案後，整棟大樓以非常便宜的價格出售給「芝城華人基督教聯合會」，並改名為「培德中心大樓」。

如今的「培德中心大樓」，是一個非營利的社會服務機構，三樓是「芝城華人基督教聯合會」的國語禮拜堂，二樓是培德中心教室及圖書館，開辦許多課程，為新的移民提供英文教育，就業培訓輔導，並有各種免費講座，一樓為培德書局及商店。1993年12月1日，培德中

「培德中心大樓」，即昔日的「安良工商大樓」，是中國城內，最早建成的具有傳統中國文化色彩的建築

「天下為公」牌坊於1975年落成，這個時間座標，正好印證了中國城的復興歷程

心大樓被芝加哥市議會定為芝加哥歷史文物。2007年，「美國運通」和「國家歷史保護信託」共同提撥一筆文物保護基金，透過網路公開投票，在二十五個大芝加哥的歷史文物中，「培德中心」以最高票贏得11萬美元的資助，作維修及保護建築物外貌之用。

「天下為公」牌坊

來到中國城，最醒目的地標，莫過於「天下為公」牌坊。1930年代末，美國經濟大蕭條，中國城也喪失南遷之初的繁榮，走向長達近30年的衰退期。1950及1960年代，中國大陸易主，美國移民法也比以前寬鬆，華人移民數量劇增，由於大批移民擁入，中國城遂從衰退走向復興。到1970年，芝加哥的華人已達一萬四千人，是美國華人人口最多的第四大城，排在舊金山、洛杉磯及紐約之後。「天下為公」牌坊於1975年落成，這個時間座標，正好印證了中國城的復興歷程。美洲的中國城牌樓，大都是由台灣或中國的政府捐贈，這一個卻是由本地華人社團合資興建。

譚繼平紀念公園及華埠廣場

譚贊（1881-1944）是早期移民中著名的僑領，國父孫中山先生於1909年12月，停留芝加哥期間，成立同盟會芝加哥分會，譚贊即為創會會員。他畢生支持孫中山的革命及救國理念，同時也是一位成功的商人。他做食品進口及麵粉廠的生意。譚贊的子女在發展家族事業的同時，也同樣熱心公益，他的子女中，最著名的就是譚繼平（Ping Tom, 1935 - 1995）。

譚繼平對芝加哥華裔最大的貢獻，當屬1984年成立華埠發展公司，推出華埠廣場商業及住宅群工程，讓中國城的版圖延伸到今日的華埠廣場一帶。華埠廣場也就是十二生肖廣場所在地的二層商用樓群，以及北邊的住宅群。華埠廣場的前身是聖塔菲（Santa Fe）鐵路客運的停靠站，1971年聖塔菲鐵路客運終止服務，這一帶變成雜亂無章的廢鐵道。直到華埠廣場重新開發以後，才有了新貌。

譚繼平，西北大學法律及經濟系畢業，是芝城華商會的創辦人之一，也是首任會長。他於1995年不幸病逝，並留下要在中國城建設一個公園的遺願。1999年，芝加哥公園管理委員會（Chicago Park District）批准在中國城以北，靠近芝加哥河一帶建一座公園，並命名為「Ping Tom Park」（譚繼平公園），以紀念他為華裔做出的貢獻。

上左：譚繼平公園舊址是廢鐵道，如今已轉變成17英畝的美麗庭園
上右：譚繼平公園美麗石柱庭園
中左：華埠廣場一帶，原是雜亂無章的廢鐵道，從1984年逐步開發以後，呈現新貌，如今已是中國城內主要的商業及活動中心
中右：華埠廣場內的商店
下：華埠廣場旁邊的壁畫

公園舊址是廢鐵道，如今已轉變成17英畝的美麗庭園，公園沿河而建，早已成為芝加哥著名的風景區。中式涼亭色彩鮮明，周圍植滿松、竹、銀杏及楊柳，旁邊還有兒童遊樂設施，不僅是附近住戶休閒的好去處，芝加哥地區許多與華裔有關的文化活動，也都會選擇在這個公園舉辦，像每年的龍舟大賽就是一個例子。

從市中心到中國城，大家都知道搭62路公車或紅線捷運火車，其實還有一個便捷的方式來到中國城，就是搭水上計程車（Chicago Water Taxi），從川普大樓搭乘，沿著芝加哥河向南行來到譚繼平公園，只要五元，既便宜又有趣。

華人諮詢服務處／廖錦良大樓

早期，對於華裔新移民的服務，「中華會館」和「安良工商會」扮演著非常重要的角色，晚近，這項重任已逐步轉交給「華人諮詢服務處」。「華人諮詢服務處」自1975年成立以來，在移民教育、求職、入籍、老人福利、幼兒教育及福利、失業補助、貧戶救濟等方面，給予非常有效的幫助，這些年，它提供的服務項目不斷擴展，已成為華人社區最大的服務機構。1990年代末，華諮處高層決定蓋一座新的大樓，而且不再拘泥於中國城內傳統的中式建築。

上：華諮處
下：這座仿北京北海公園的九龍壁，由三千件琉璃磚組成，這些琉璃磚都在北京御窯廠燒製

「華人諮詢服務處」的總部，位於普林斯頓大道（Princeton Ave.）和南譚街（S. Tam st.）會口處，在新開發的華埠廣場區，緊臨譚繼平公園，於2004年6月完工落成，名為「廖錦良大樓」（廖錦良先生為芝加哥地區有名的地產經記人，為了蓋這棟大樓，他捐資一百萬美元給華諮處）。這棟三層樓的建築，曾獲得多個建築設計獎，外牆由似龍身鱗片的鈦片覆蓋，極具現代感，它矗立在古老的中國城內，雖讓人感覺有點突兀，卻也給人耳目一新之感。

九龍壁

1980年代以後，中國城的版圖不斷擴張，向北延伸到芝加哥河，向南則發展到橋港區，華人社區內增設了許多文娛商業設施。於2004年落成的九龍壁，是近十年來中國城欣欣向榮的象徵，位於交通要道的永活街和舍邁路口，由芝城華商會、華埠停車場等社團集資建成。這座仿北京北海公園的九龍壁，由三千件琉璃磚組成，這些琉璃磚都在北京御窯廠燒製，建造的師傅及工人也都由大陸請來，它可說是北海公園九龍壁的縮小版，長35英尺、高16.4英尺，厚5英尺。它象徵的，不僅是凝聚華人社團的力量，也為芝加哥帶來濃厚的中華文化氣息。九龍壁立於這個位置，其實還有另外一個說法與功能，它用於鎮邪，中國人講究風水，因為它的對面正是I-55／I-90高速公路的出口，算是路衝，不是一個好的風水位置，所以用九龍來壓鎮，以保佑及守護中國城的居民。

芝加哥美洲華裔博物館／李秉樞中心

閒逛中國城，想對中國城的興衰演變有更深入的了解，就應該走進「芝加哥美洲華裔博物館」，博物館目前展出的主題是「我的唐人街，內裡情懷」，展出的項目，正是芝加哥百年來的華人移民史。展覽中回顧中國城的形成、成長及變化，從美國排華法案開始到如今的一片繁榮，華人社團的結構及演變，移民的辛酸血淚及孤苦，社區的擴建及發展，跨州高速公路為中國城帶來的生機與影響等等，都在這些展出的照片及文物中一一呈現。

位於23街西238號的華裔博物館，於2005年5月正式開放，這棟1896年蓋的建築，原來是店面及用來做儲物的倉庫，連地下室共五層。改為博物館後，一、二樓為展覽廳，三、四樓為文物保存和修繕中心、辦公室等。2008年9月9日三樓發生一場大火，所幸消防隊員及時趕到，雖保住了一、二樓的展品，但三、四樓的寶物卻付之一炬。重建過程中，包括芝加哥歷史博物館（The Field Museum）在內的許多芝加哥地區的博物館，以及包括李秉樞在內的許多社區人士，都鼎力相助及捐款，博物館於2010年9月重新開放，內部也煥然一新。

上：芝加哥華裔博物館內的展品，博物館展出的主題是「我的唐人街，內裡情懷」
下：華埠的街景，背景的大廈是席爾斯塔

芝加哥雖然有兩個中國城，建立於1912年的南華埠是大家所熟悉的中國城，居民以華裔為主。1970年代興起於亞階街（Argyle St.）一帶的北華埠，則以東南亞的華僑為主，其中很多是越戰之後，大批湧入的難民，北華埠也因而被暱稱為「新西貢」。所以許多重要的社團組織及單位像中華會館，華人咨詢服務處，華商會，中美協進會，華埠博物館基金會，華人基督教聯合會，聖德力華人天主教會，以及公共圖書館等，都設在南華埠，而每年的春節大遊行或國慶活動，也大多在這裡舉行。

上世紀七十年代，中國城的商店店員及餐館服務員都還清一色只講廣東台山話。而他們既不通國語，英文溝通能力也有限，碰到不懂廣東話的客人，只好大家比手劃腳一番。有趣的是，他們卻以正宗的中國人自居，笑話別人「唐人不會說唐話」。近幾年由於台灣及大陸的移民湧入，到中國城購物、用餐，講國語已經非常普遍，不懂廣東話也不至於再遭到店員、服務員的白眼了。對那些來自台灣、香港、大陸的新移民來說，南華埠的意義，只是第一個落腳點及適應站，他們或依附遠親，或獨自在這裡打工。不同於一輩子困居中國城的老一輩移民，新移民一旦對英語有了把握，對美國的生活也有相當的瞭解後，便遷往郊區，融入主流社會，過比較舒適寬鬆的生活。

釀旅人12　PE0072

彩繪風城芝加哥

作　　者　楊美玲
責任編輯　蔡曉雯
圖文排版　賴英珍
封面設計　王嵩賀

出版策劃　釀出版
製作發行　秀威資訊科技股份有限公司
114 台北市內湖區瑞光路76巷65號1樓
電話：+886-2-2796-3638　傳真：+886-2-2796-1377
服務信箱：service@showwe.com.tw
http://www.showwe.com.tw
郵政劃撥　19563868　戶名：秀威資訊科技股份有限公司
展售門市　國家書店【松江門市】
104 台北市中山區松江路209號1樓
電話：+886-2-2518-0207　傳真：+886-2-2518-0778
網路訂購　秀威網路書店：http://www.bodbooks.com.tw
國家網路書店：http://www.govbooks.com.tw
法律顧問　毛國樑　律師
總 經 銷　聯合發行股份有限公司
231新北市新店區寶橋路235巷6弄6號4F
電話：+886-2-2917-8022　傳真：+886-2-2915-6275

出版日期　2014年11月　BOD一版
定　　價　350元

Printed in Taiwan

國家圖書館出版品預行編目

彩繪風城芝加哥 / 楊美玲著. -- 一版. -- 臺北市：
醸出版, 2014.11
面； 公分. --(醸旅人；PE0072)
BOD版
ISBN 978-986-5696-49-8(平裝)

1. 旅遊文學 2. 美國芝加哥

752.74319 103020006

讀者回函卡

感謝您購買本書，為提升服務品質，請填妥以下資料，將讀者回函卡直接寄回或傳真本公司，收到您的寶貴意見後，我們會收藏記錄及檢討，謝謝！如您需要了解本公司最新出版書目、購書優惠或企劃活動，歡迎您上網查詢或下載相關資料：http:// www.showwe.com.tw

您購買的書名：____________________

出生日期：________年________月________日

學歷：□高中（含）以下　□大專　□研究所（含）以上

職業：□製造業　□金融業　□資訊業　□軍警　□傳播業　□自由業
　　　□服務業　□公務員　□教職　□學生　□家管　□其它____

購書地點：□網路書店　□實體書店　□書展　□郵購　□贈閱　□其他

您從何得知本書的消息？

□網路書店　□實體書店　□網路搜尋　□電子報　□書訊　□雜誌
□傳播媒體　□親友推薦　□網站推薦　□部落格　□其他________

您對本書的評價：（請填代號　1.非常滿意　2.滿意　3.尚可　4.再改進）

封面設計____　版面編排____　內容____　文／譯筆____　價格____

讀完書後您覺得：

□很有收穫　□有收穫　□收穫不多　□沒收穫

對我們的建議：____________________

____

____

____

請貼
郵票

11466
台北市內湖區瑞光路 76 巷 65 號 1 樓
秀威資訊科技股份有限公司 收
BOD 數位出版事業部

（請沿線對折寄回，謝謝！）

姓　　名：＿＿＿＿＿＿＿＿　年齡：＿＿＿＿　性別：□女　□男

郵遞區號：□□□□□

地　　址：＿＿＿＿＿＿＿＿＿＿＿＿＿＿＿＿＿＿

聯絡電話：(日)＿＿＿＿＿＿＿＿＿＿(夜)＿＿＿＿＿＿＿＿＿＿

E-mail：＿＿＿＿＿＿＿＿＿＿＿＿＿＿＿＿＿＿